WISSENSCHAFTLICHES ARBEITEN

Grundlagen zu Herangehensweisen, Darstellungsformen und formalen Regeln

Klaus Grunwald

12., vollständig überarbeitete Auflage 2021

Impressum:

Bibliografische Information der Deutschen Nationalbibliothek
Die Deutsche Nationalbibliothek verzeichnet diese Publikation in der Deutschen Nationalbibliografie; detaillierte bibliografische Daten sind im Internet über https://www.dnb.de abrufbar

Prof. Dr. Klaus Grunwald
Wissenschaftliches Arbeiten
Grundlagen zu Herangehensweisen, Darstellungsformen und formalen Regeln

12., vollständig überarbeitete und ergänzte Neuauflage 2021

in der Mediengruppe Westarp
Kirchstr. 5 - 39326 Hohenwarsleben
www.westarp.de, www.westarp-bs.de, www.book-on-demand.de
produkthaftung@westarp.de

ISBN: 978-3-86617-181-7

Printed in Germany.

Inhaltsverzeichnis

1 Einleitung

Die vorliegende Publikation ist in Seminaren und Vorlesungen als Handreichung für Studierende der Sozialen Arbeit an Universitäten und Hochschulen entstanden, die sich mit der Erstellung wissenschaftlicher Arbeiten befassen.[1] Das Ziel ist insofern nicht, der bereits umfangreichen Literatur zu Standards wissenschaftlichen Arbeitens eine weitere Variation hinzuzufügen. Vielmehr geht es darum, Grundlagen zu Herangehensweisen und Darstellungsformen in komprimierter Form zugänglich zu machen und mit eigenen Akzenten zu versehen, die sich in der Betreuung zahlreicher Bachelor-, Master- und Hausarbeiten in Sozialer Arbeit und Sozialwirtschaft entwickelt haben und die dieser Erfahrung nach von besonderer Bedeutung sind.[2] Aus diesem Interesse heraus wird eine stichwortartige Darstellung gewählt und auf die durchgängige Verfassung eines zusammenhängenden Textes verzichtet.

Dabei wird zunächst von folgender *Definition* ausgegangen: Wissenschaftliches Arbeiten bedeutet,

* sich „auf der Grundlage wissenschaftlicher Erkenntnisse und des *Standes der wissenschaftlichen Diskussion*" eines Fachgebietes (auch als ‚Stand der Forschung' bezeichnet) und
* in der „*Auseinandersetzung* mit den wissenschaftlichen Auffassungen anderer
* sich *zu einem Thema* (...) *eigene Gedanken* zu machen und
* diese in einer für andere *verständlichen Form*" zu formulieren (SESINK 2012, S. 12; Hervorhebungen im Original).

Diese knappe Definition kann aber auch missverstanden werden – deswegen folgen ein paar einordnende Bemerkungen.

Der Prozess der Erzeugung wissenschaftlichen Wissens ist zu verstehen als ein methodisch reflektierter, systematischer und nachvollziehbarer Prozess, der ausdrücklich beschrieben und begründet werden muss. Die Zielgruppe der Produktion wissenschaftlichen Wissens ist primär ein Fachpublikum. ‚Verständlich für andere' in der obigen Definition meint insofern, dass die Ausführungen für fachlich vorgebildete Personen nachvollziehbar sein müssen.

Auch wenn das Verständnis von Wissenschaft und die in ihr zur Anwendung kommenden wissenschaftlichen Methoden je nach wissenschaftlicher Disziplin und wissenschaftstheoretischem Zugang unterschiedlich sind, gibt es dennoch allgemein

---

[1] Die erste Fassung – 1997 erschienen – wurde von Klaus Grunwald unter Mitarbeit von Johannes Spitta verfasst. In den folgenden Auflagen wurde der Text in etlichen Runden vollständig überarbeitet. Die hier vorliegende vollständig überarbeitete und ergänzte 12. Auflage wird allein von Klaus Grunwald verantwortet. Für Hinweise und Ergänzungsvorschläge dankt dieser insbesondere Robin Bauer, Mareike Patschke und Mike Nienhaus.

[2] Rückmeldungen, Veränderungs- und Ergänzungsvorschläge sind erwünscht. Bitte senden Sie diese an die Adresse klaus.grunwald@dhbw-stuttgart.de oder Prof. Dr. Klaus Grunwald, Duale Hochschule BW Stuttgart, Rotebühlstr. 131, 70197 Stuttgart.

anerkannte wissenschaftliche Maßstäbe. Zur Konkretisierung der oben genannten Definition werden im Folgenden in aller Kürze *einige solcher wissenschaftlichen Standards* benannt (FRANK 2019, S. 198-203; vgl. auch BOHL 2018, S. 11-13; BIEKER 2016, S. 46-51; KRUSE 2007, S. 60-63):[3]

* Die Darstellung von Inhalten und ihre Analyse/Bewertung sind zu trennen.
* Fragestellungen, Aussagen, Quellenauswahl etc. müssen begründet werden.
* Die Begriffe, mit denen gearbeitet wird, sind zu klären und näher zu bestimmen.
* Inhalte, die dargestellt und Aussagen, die getroffen werden, sollten gedanklich durchgearbeitet und argumentativ verknüpft werden.
* Dazu bedarf es grundsätzlich der Auseinandersetzung mit bislang getroffenen Aussagen und bereits vorliegenden wissenschaftlichen Erkenntnissen.
* Der Blickwinkel, von dem aus ein Thema bearbeitet wird, sollte reflektiert und offengelegt werden.

Für die *vorliegende 12. Auflage* wurde der Text vollständig überarbeitet, sprachlich geglättet, auf mögliche Missverständnisse durchgesehen und an etlichen Stellen ergänzt. Die *Grundform* der Literaturangabe (siehe Abschnitt 4.3.2.1) wurde heutigen Gepflogenheiten in Sozialer Arbeit, Sozialwirtschaft und Erziehungswissenschaft angepasst (vgl. BOHL 2018, S. 44-53) und unterscheidet sich damit deutlich von der in den bisherigen Auflagen propagierten Grundform. Eingearbeitet wurden Regeln für die Zitation und den Nachweis von *Rechtsquellen* (vor allem in 4.3.2.4) wie auch von *Internetquellen* (vor allem 4.3.3). Eingefügt wurde gleichfalls ein Abschnitt über die Verwendung von *Tabellen und Grafiken*.

Im Folgenden geht es um

* die Herangehensweise (Arbeits- und Lerntechniken) (2),
* Formen der Darbietung und deren Charakteristika (3) sowie um
* formale Regeln für schriftliche wissenschaftliche Arbeiten (4).

[3] In dieser Publikation werden Literaturhinweise mit Klammern im Fließtext platziert, Anmerkungen erfolgen in Fußnoten.

2 Hinweise zur Herangehensweise

2.1 *Bearbeitung wissenschaftlicher Texte*

Die Erstellung eigener wissenschaftlicher Arbeiten beinhaltet immer die Auseinandersetzung mit Literatur, um ein Erkenntnisinteresse zu verfolgen. Die folgenden Hinweise zu Arbeits- und Lerntechniken sollen es erleichtern, sich *nicht zu verzetteln*.

* Ausgiebige *Relevanzprüfung* durchführen – brauche ich den Text (das Buch, den Beitrag) wirklich zur Beantwortung meiner (forschungs- bzw. erkenntnis)leitenden Frage(n)?
* *Gezielte Auswahl:* Sortieren nach dem Ziel, das mit der Lektüre verbunden wird und der Intensität der Bearbeitung.
* Angemessene *Ziele* setzen:
  - Welche Ziele habe ich? Warum lese ich *diesen* Text?
  - Wie viel Zeit benötige ich für welchen Schritt? Eigene Fähigkeiten realistisch einschätzen!
  - Leseziele schriftlich fixieren.
* *Aktiv lesen: Text überfliegen*, um Überblick zu gewinnen (Klappentext, Inhaltsverzeichnis, Abstract, Vorwort, Einleitung, Zusammenfassungen, (Zwischen-)Überschriften, Anfang und Ende von Absätzen, Texthervorhebungen) (vgl. auch KRUSE 2018, S. 36-39).
* *Eigene Fragen* an den Text formulieren und die Inhalte mit *eigenen Erfahrungen und Gedanken* in Beziehung setzen (vgl. auch FRANCK 2017, S. 116-120 und BIEKER 2016, S. 35). Zu diesen gehören:
  - Was ist meine Absicht, wenn ich den Text lese (und mir dafür Zeit nehme)?
  - Was will ich in/mit dem Text erfahren (Erkenntnisinteresse)?
  - Welche Relevanz hat der Text vermutlich?
  - Wer sind die Autor*innen? Welche Standpunkte vertreten sie?
  - Welche Probleme, welche Fragen stehen im Zentrum? Was sind die Kernaussagen und zentralen Begriffe?
  - Wie wird argumentiert?
  - An wen richtet sich der Text? Warum wird der Text von wem gelesen?
  - Welches Vorwissen wird vorausgesetzt?
  - Was halte ich von dem Text? Wie wirkt er auf mich?
  - Wie beeinflusst der Text mein Vorverständnis?
* *Lesetempo* bewusst und gemäß Erkenntnisinteresse wählen.
* *Fragestellung und Thema* im Auge behalten: nur lesen, was dazu wirklich nötig ist, sich nicht verzetteln.

* *Fremdwörter* aus dem Fremdwörterbuch und *Fachbegriffe* aus fachwissenschaftlichen Handbüchern, Lehrbüchern und Einführungen nachschlagen und im Kontext klären.
* Gelesenes regelmäßig (z.B. alle 30 Minuten) kurz *rekapitulieren* und dazu *knappe Notizen* machen: Was habe ich gelesen? Was verstanden? Welche Fragen stellen sich mir? Welche Antworten konnte ich bereits finden? Dieses sich immer wieder bewusst machen, was ich gelesen habe, meine Position zum Gelesenen formulieren und die Begründung der eigenen Positionierung hinterfragen ist eine wichtige Voraussetzung für ein nicht nur aufnehmendes, sondern auch kritisches Lesen, Denken und Argumentieren (vgl. KRUSE 2018, S. 36-39; KRUSE 2017, S. 47-57 und 177-209)!
* *Gliedern* nach Inhalt und/oder logischer Form (vgl. STARY 2013, S. 72-75):
  - Bei der *inhaltlichen Gliederung* empfiehlt es sich, den Text am Rand mit Begriffen zu versehen, die den Text inhaltlich erschließen. Dabei kann es sich um Stichworte aus dem Text oder um eigene Begriffe handeln (z.B. „4 Möglichkeiten der Begriffsdefinition"; „Zum Begriff der Erziehung").[4] Der Text wird Absatz für Absatz gelesen und mit mindestens einem inhaltlichen *Leitwort* zusammengefasst. Dadurch wird für eine erneute Lektüre eine rasche inhaltliche Orientierung erleichtert.
  - Häufig ist es schwierig festzustellen, wie einzelne Textpassagen zusammengehören. In diesem Fall lässt sich durch eine *logische Gliederung* der Argumentationsstrang des Textes rekonstruieren. Hierzu werden Randbemerkungen verwendet, die die logische Struktur (nicht den Inhalt!) des Textes wiedergeben – z.B. durch Begriffe wie „Fragestellung", „Beispiel", „Kernthese", „Definition". Empfehlenswert ist es, eine eigene Liste mit Begriffen zusammenzustellen, die häufig verwendet werden und sich auf diese zu konzentrieren.
* Bei schwierigen Texten empfiehlt es sich, *verschiedene Lesedurchgänge* zu machen (vgl. STARY 2013, S. 71).
  - Im ersten Durchgang *Text zügig lesen*, ohne sich an Einzelheiten aufzuhalten.
  - Im zweiten Durchgang *Text genauer lesen* und *Markierungen* anbringen. Vorsicht vor zu vielen Unterstreichungen oder Ähnlichem! Markierungen helfen nur dann, wenn sie *sparsam eingesetzt* werden, lieber zu wenige als zu viele!
  - Beim dritten Durchgang aufgrund der Markierungen *Randbemerkungen* einfügen, eventuell Markierungen ergänzen.
* *Zusammenfassung* der wichtigsten Begriffe, Stichworte und Kerngedanken. Das Finden von eigenen Formulierungen erleichtert das Verständnis des Textes.

---

[4] *Beispiele* werden im Folgenden entweder in einem gesonderten Kasten dargestellt oder mit dem Zusatz „z.B." oder „Beispiel" in den Text eingefügt. Bei den Einfügungen im Fließtext wird das eigentliche Beispiel in Anführungszeichen gesetzt, um es rasch als solches identifizieren zu können. In den Kästen sind die Beispiele gut erkennbar, weswegen in ihnen auf Anführungszeichen verzichtet wird.

* Beim Prozess des *Exzerpierens*[5] immer wieder überlegen: Unter welcher *Fragestellung* exzerpiere ich? Was war noch mein Leseziel? Vollständigkeitszwang widerstehen (vgl. STARY 2013, S. 76-79; BIEKER 2016, S. 36f.)!
* Text abschließend erneut *rekapitulieren* und *Notizen* vervollständigen.
* *Literaturangaben immer (!) sofort (!)* dokumentieren (Karteikarte, Datenbank, mindestens Literaturliste) bzw. bei Import durch Software wie Citavi *auf Korrektheit und Vollständigkeit überprüfen:*
  - alle notwendigen bibliographischen Angaben (siehe Abschnitt 4.3.2.),
  - Standort und Signatur oder Notiz, aus welcher Datenbank die Quelle stammt sowie
  - ggf. ob Exzerpt vorhanden ist.
* Wichtig: Die *häufigste Ursache für nicht korrekte Literaturverzeichnisse* sind eilig und ungenau dokumentierte Literaturangaben!
* Eine gute Möglichkeit, Gedanken und Gefühle im Zusammenhang mit Texten, Vorträgen etc. festzuhalten, ist ein *wissenschaftliches Journal* (vgl. KRUSE 2007, S. 30f.). Dies ist eine Art wissenschaftliches Tagebuch, in das Ideen, Zusammenhänge, Fragen, Überlegungen usw. geschrieben werden können. Diese *sofort* notieren, bevor sie dem Vergessen anheimfallen.
* Möglichst viele *Sinne* beteiligen, je nachdem welche Aufnahmemöglichkeiten ich bevorzuge. Dazu gehört z.B. der Wechsel zwischen Lesen, Sprechen, Schreiben und Hören.
  - *Visualisierungstechniken* benutzen (Netzwerk, Mindmapping; vgl. STARY 2013, S. 79-85). Also Texte nicht nur durch Schriftzeichen, sondern auch durch symbolische Zeichen, (kreative) Bilder, Schaubilder etc. darstellen. Je kreativer, desto besser für das Gedächtnis.
  - Dazu gehört *anderen Menschen* den Text zusammenzufassen oder mit ihnen über den Text zu diskutieren.
* Zwischen verschiedenen Tätigkeiten und Themen *abwechseln*, um Überlagerungen zu vermeiden.
* Termin für *Wiederholung und/oder nächsten Arbeitsschritt* festlegen und in Arbeitsplan oder Kalender eintragen!

2.2 Erstellen wissenschaftlicher Arbeiten

Im Verlauf des Studiums wird zwangsläufig die Erstellung unterschiedlicher wissenschaftlicher Arbeiten notwendig (Referate, Protokolle, Haus- oder Studienarbeiten, Bachelorarbeiten, Masterarbeiten). Diese werden in der Regel in einer schriftlichen Endform verlangt. Wissenschaftliches Schreiben unterscheidet sich in einigen Punkten von anderen Schreibprozessen. Wissenschaftliches

[5] Einen Text zu *exzerpieren* bedeutet, aus ihm die nach eigener Einschätzung wichtigsten Aspekte herauszuziehen und einen Auszug bzw. eine Zusammenfassung anzufertigen.

Schreiben ist *ein* Bestandteil eines größeren Erkenntnisprozesses, in dem Informationen gewonnen werden. Dabei ist es normal, dass Schreibprozesse genau wie intensives Verarbeiten von Literatur nicht immer gelingen – hier ist mitunter ein „Selbstcoaching“ gefragt (GÜNTHER 2020, S. 11).

Wissenschaftliches Schreiben und wissenschaftliches Arbeiten sind eng miteinander verbunden, wie auch KRUSE feststellt: „Jeder Satz, den Sie schreiben, zwingt Sie, sich zu fragen: Was will ich eigentlich sagen? Ist das der richtige Begriff? Habe ich diese oder jene Aussage oder Theorie richtig verstanden? [...] Schreiben heißt, Ordnung in separate Wissensbestandteile zu bringen, und dieses Ordnen, das aktive Umgehen mit Wissen ist das, was bei den Lernenden flexible Wissensstrukturen aufbaut. Es ist auch das, was Sie im Denken selbstständig und irgendwann einmal auch sicher macht“ (2007, S. 17). Insofern ist das Erstellen wissenschaftlicher Arbeiten, das wissenschaftliche Schreiben, ein zentrales Feld, auf dem Studierende *eigenständiges* Denken und Argumentieren in fachlichen Fragen entwickeln und üben (vgl. KRUSE 2018, S. 81-120; KRUSE 2017, S. 85-126).

Die *Erstellung wissenschaftlicher Texte* umfasst dabei nach KRUSE fünf *sehr unterschiedliche Aspekte:*

* das *„Wissen, auf das sich der Text bezieht und das im Text konstruiert bzw. dargestellt wird“*, sprich das disziplinäre Fach- und Methodenwissen, das durch eine systematische Literaturrecherche eruiert wird;
* den *„Denk- und Erkenntnisprozess, der durch das Schreiben in Gang gesetzt wird“* (Vorbereitung und Planung einer Arbeit, Klärung des Erkenntnisinteresses mithilfe einer (forschungs- bzw. erkenntnis)leitenden Fragestellung, logischer Aufbau der Argumentation in Form einer Gliederung, Gestaltung des Schreibprozesses, Zeitmanagement beim wissenschaftlichen Arbeiten);
* die *„Sprache, die beim Schreiben gestaltet und zu einem Text verarbeitet werden muss“* (Rechtschreibung, Zeichensetzung, ein wissenschaftlicher Schreibstil, der u.a. durch die Verwendung von Fachbegriffen und Textformen wie Beschreiben, Argumentieren oder Interpretieren charakterisiert wird, nicht aber durch möglichst komplizierte Sätze!);
* den *„kommunikativen und disziplinären Kontext, innerhalb dessen Texte verwendet werden“* (die Zielperson oder -gruppe, für die ich schreibe) und
* die *„Medien zum Schreiben, Textgestalten, Kommunizieren“* (technisches Wissen, das für die Erstellung wissenschaftlicher Texte nötig und hilfreich ist) (KRUSE 2007, S. 25-26; Hervorhebungen im Original).

Kurz zusammengefasst: Wissenschaftliches Schreiben verlangt, „Wissen, Denken, Sprache, Kommunikation und Mediengebrauch unter einen Hut zu bringen“ (KRUSE 2007, S. 26) und genau diese Vielschichtigkeit des Schreibprozesses führt dazu, dass das Erlernen wissenschaftlichen Schreibens so aufwändig und schwierig, aber auch hilfreich für die Entwicklung einer eigenständigen sozialpädagogischen Professionalität ist.[6]

Die Erstellung wissenschaftlicher Arbeiten lässt sich in *verschiedene Schritte* zerlegen, die im Folgenden näher beschrieben werden (vgl. auch BIEKER 2016, S. 68-140; OBERMAIER 2017, S. 209-257). Dabei werden Lernen und Schreiben als Formen wissenschaftlichen Arbeitens oft synonym behandelt.

2.2.1 Vorbereitung und Planung einer Arbeit

* *Lern- bzw. Schreibort einrichten:* z.B. Frischluft, Wärme, gute Sitzmöglichkeit, Licht, Platz.
* Brauche ich eine *Trennung zwischen Arbeits- und Privatsphäre* (z.B. in der Bibliothek arbeiten und nicht daheim)?
* Zu Beginn einer wissenschaftlichen Arbeit sich immer eine Zeitgrenze setzen und die verfügbare Zeit in überschaubare Segmente einteilen. Je überschaubarer die *Zeiteinteilung* ist, desto bewusster gehe ich damit um. Zeitbegrenzung schützt vor Perfektionismus! Dieser Zeitplan muss im Verlauf jedoch immer wieder angepasst werden.
* *Feste Lern- bzw. Schreibzeiten* (immer um die gleiche Zeit am PC sitzen) und *Rituale* etablieren (z.B. die Kanne Tee neben dem PC).
* *Störeinflüsse reduzieren* soweit möglich und ähnliche Tätigkeiten in *Zeitblöcken* zusammenfassen.
* Überschaubare und *realistische Arbeitseinheiten* festlegen! Lieber häufigere und kürzere Arbeitsperioden wählen.
* Den *Neubeginn von Arbeitsphasen gut vorbereiten*. Bereits bevor ich aufhöre, überlegen und ggf. notieren, wie ich nach der Pause weitermachen will und ggf. Übergänge schaffen.
* Siehe hierzu auch den Abschnitt 2.3 über *Zeitmanagement* beim wissenschaftlichen Arbeiten.

2.2.2 Klärung des Themas und der Fragestellung

* Das *Finden des Themas* ist ein erster wichtiger Schritt und erfordert einiges an Überlegungen. Die Zeit, die hier investiert wird, lohnt sich später (vgl. KRUSE 2007, S. 117-121).
* Wichtig ist es *handhabbare, möglichst eindeutige, klar definierte und begrenzte Themen* zu finden, die mit dem zur Verfügung stehenden Wissen (Stichwort For-

---

[6] An dieser Stelle kann nicht darauf eingegangen werden, welche *Schreibprobleme* sich für Studierende nicht nur zu Beginn, sondern auch im Verlauf des Studiums stellen. Da gerade die Beschäftigung mit diesen Schreibproblemen und mit der *Komplexität des Schreibprozesses* eine wichtige Hilfe ist, das wissenschaftliche Schreiben zu erlernen, sei an dieser Stelle auf KRUSE 2007 hingewiesen (insbesondere S. 26-59).

schungsstand bzw. bei einer empirischen Arbeit eigene Daten) und der verfügbaren Zeit bearbeitbar sind.

* Gestelltes *Thema analysieren:* Gegenstand? Inhaltliche Schwerpunktsetzung oder Fragestellung? Spezifische Bedeutung?
* *Basistexte überfliegen* (mit Thema bzw. Fragestellung im Kopf!) und dabei *Notizen machen.*
* Erste Themenideen sind oft weit gefasst und bedürfen einer sorgfältigen *Eingrenzung* (vgl. KRUSE 2007, S. 123-126).
* Zur *Fragestellung:*
  - Das *Thema* einer Arbeit ist nicht identisch mit der *Fragestellung.*
  - Eine möglichst *konkrete* Fragestellung erleichtert die Eingrenzung und Überschaubarkeit des Themas.
  - In aller Regel ist es sinnvoll, die Frage(n) nicht als geschlossene, sondern als *offene Frage(n)* zu formulieren.
  - Im Folgenden werden *forschungsleitende* Frage(n) und *erkenntnisleitende* Frage(n) synonym gesetzt. Teilweise wird aber auch zwischen beiden unterschieden. Hier ist eine Abstimmung mit der Betreuung sinnvoll.

> *Beispiel:*
> Das Thema „Demenz" ist nicht identisch mit der Fragestellung „Welche Herausforderungen ergeben sich für Professionelle im Umgang mit Menschen mit geistiger Behinderung und Demenz?" Diese ist als *offene* formuliert.
> In aller Regel *nicht sinnvoll* sind *geschlossene* Fragen („Ergeben sich für Professionelle im Umgang mit Menschen mit geistiger Behinderung und Demenz Herausforderungen?"), weil sie nur mit ja oder nein beantwortet werden können.

* Diese Fragestellung *verändert* sich oft im Prozess der Erstellung einer wissenschaftlichen Arbeit – das ist normal und oft notwendig. Bei empirischen Arbeiten ist hier aber Vorsicht angebracht.
* *Eigene (erkenntnis- bzw. forschungs)leitende Fragestellung* herausarbeiten – was möchte ich klären oder erarbeiten (vgl. KRUSE 2007, S. 127-129)? Ihre Beantwortung zielt auf den *Erkenntnisgewinn*, der durch die Arbeit angestrebt wird.

2.2.3 Wissenschaftliche Texte erstellen

* Wichtig ist, sich immer wieder zu vergegenwärtigen, an *welchem Arbeitsschritt* der Produktion eines wissenschaftlichen Textes ich gerade bin: Was ist hier jetzt zu beachten (vgl. KRUSE 2007, S. 110-176; FRANCK 2019, S. 155-166)? Denkbar sind folgende Phasen, die sich allerdings überlagern und wiederholen können:
  - das Thema herausarbeiten und erste Fragen formulieren; in dem Zusammenhang den Schreibauftrag-/impuls vergegenwärtigen und eine erste Fassung des Exposés[7] anfertigen;

[7] Ein Exposé ist eine zusammenfassende Übersicht für eine zu verfassende wissenschaftliche Arbeit. Welche Elemente ein Exposé enthalten sollte, ist mit der Betreuung abzustimmen.

- systematische Literaturrecherche;
- Literatur auswerten, lesen und ggf. exzerpieren;
- (erste) Gliederung finden;
- Schreibphase(n): einen Rohtext verfassen und die Entwürfe ausarbeiten; in diesem Zusammenhang das Exposé verfeinern und schließlich
- Endredaktion und -korrektur (auch dafür *genügend Zeit und Unterstützung von außen* einplanen!).

* Hilfreich kann es sein, die erste, vorläufige Version des Exposés im Schreibprozess weiterzuentwickeln, um sich immer wieder darüber klar zu werden, ob meine Schreibarbeit und meine Zeitverwendung zu dem zu erreichenden Ziel des Schreibvorhabens passen. Das *fortgeschriebene Exposé* erhält so die Funktion eines permanenten Controllings des Arbeitsprozesses.
* Was ist entsprechend der jeweiligen Arbeitsphase gerade gefragt: ein *rezipierendes, analysierendes oder kreatives Vorgehen?*
* Halte ich *Konstruktion* und *Korrektur* meines neu entstehenden Textes auseinander, oder „kritisiere" ich immer schon parallel an ihm herum, während ich ihn entwerfe und schreibe? Hier besteht die Gefahr, über die ersten Seiten nicht hinauszukommen, weil ich diese immer weiter zu optimieren versuche, während der Text schlechter statt besser wird...
* Was möchte ich mit der Arbeit/dem Abschnitt eigentlich sagen? Was ist jeweils *meine zentrale Aussage?*
* Die Wissenschaftlichkeit der Arbeit ist eng verbunden mit der *Transparenz und Nachvollziehbarkeit* des Vorgehens. Erkennbar sein sollte z.B.: Welche Fragen habe ich warum gestellt? Was bezwecke ich jeweils mit meiner Argumentation? Der Forschungsprozess und die zentrale Argumentationslinie müssen gut nachvollziehbar sein.
* Welchem *Muster der Textkomposition* folge ich, mit anderen Worten: Welche Grundformen wissenschaftlichen Schreibens nutze ich, z.B. beschreiben, anleiten/instruieren, berichten, vergleichen, systematisieren, analysieren, argumentieren etc. (vgl. KRUSE 2007, S. 96-103)?
* Für wen schreibe ich? Wer sind die (imaginären) *Adressat*innen,* die ich vor dem *inneren Auge* habe und die meinen Schreibprozess prägen?
* Welchen Einfluss hat das *Verhältnis zur Betreuer*in* auf meinen Arbeitsprozess und den aktuellen Stand meiner wissenschaftlichen Arbeit?
* Wenn ich mein Vorhaben häufig aufschiebe: Welchen psychodynamischen Stellenwert hat dieses *Aufschieben* für mich? Welchen Gewinn habe ich davon?
* Für die Erstellung wissenschaftlicher Texte ist es außerordentlich hilfreich, sich bereits im Laufe des Studiums (und nicht erst bei der Abschlussarbeit) mit den *Möglichkeiten eines Textverarbeitungsprogramms* vertraut zu machen. Dies kann gerade bei größeren Arbeiten (Diplom-, Bachelor- oder Masterarbeit) viel Zeit und Mühe sparen (vgl. SESINK 2012, S. 243-292; BERGER 2020, S. 226-332).

2.2.4 Weiterführende Literatur suchen

* Zunächst Dozent*innen oder Kommiliton*innen aus höheren Semestern nach *einführender Literatur* fragen und dies in der Bibliothek suchen. Beiträge in Handbüchern und (Fach-)Lexika sowie Lehrbücher bieten oft einen Überblick zum Stand der Forschung und definieren Fachbegriffe, die sich wiederum als Suchbegriffe für eine systematische Literaturrecherche eignen.
* Zuerst die Literatur suchen, die für das eigene Thema *einschlägig* passend ist (z.B. durch Durchlesen der Inhaltsverzeichnisse).
* *Rechtzeitig* beginnen, die ausgewählte Literatur zu kopieren und nach einem bestimmten System zu *ordnen* und entsprechend abzulegen, so dass später klar ist, an welcher Stelle ich welche Literatur verarbeiten möchte.
* Zur *weiterführenden* (systematischen) *Suche* von Literatur gibt es folgende Möglichkeiten (vgl. SESINK 2012, S. 109-161; OBERMAIER 2017, S. 143-180):
  - *Schneeball-Prinzip:* Schlüsseltexte oder Standardwerke (Handbücher, Wörterbücher, Lexika, Lehrbücher, Monografien, Sammelbände) suchen und den Beiträgen weitere Literaturangaben entnehmen;
  - feststellen, *welche Autor*innen* zu der für mich relevanten Thematik viel und *einschlägig veröffentlichen* bzw. wiederholt in der Literatur als Standardreferenz auftauchen;
  - in *Präsenzbibliotheken* suchen (in der Systematik nachsehen und prüfen, ob noch andere Bücher zum Thema in der Nähe eines gefundenen Buches stehen; oft gibt es mehrere mögliche Standorte; von hinten her durchsehen, neuere Veröffentlichungen zuerst, ohne die relevanten Originale oder Klassiker*innen zu vernachlässigen);
  - *EDV-Kataloge* von Bibliotheken (Schlagwortsuche möglich; oft empfiehlt sich der Besuch einer Informationsveranstaltung in den viel genutzten Bibliotheken);
  - *Internet-Recherchen* durchführen (Datenbanken, Open-Access Fachzeitschriften, auf wissenschaftliche Publikationen spezialisierte Suchmaschinen, soziale Medien für die Wissenschaften);[8]
  - *(Fach-)Bibliografien* zu Büchern und Beiträgen sichten (z.B. ältere Jahrgänge der Sozialwissenschaftlichen Literaturrundschau, die Zeitschrift „Soziale Arbeit" des DZI oder z.B. Handbuchbeiträge, siehe oben);
  - *Rezensionen* in einschlägigen Zeitschriften oder darauf spezialisierten Internetseiten recherchieren;
  - *neuere Veröffentlichungen* in einschlägigen *Zeitschriften* (auch E-Journals) sondieren, dabei mit aktuellen Jahrgängen anfangen und rückwärts suchen und
  - *neuere Veröffentlichungen* von einschlägigen *Autor*innen* erkunden (die oft eine aussagekräftige Internetseite mit Veröffentlichungen haben).

---

[8] Sehr ergiebig zur *Recherche von Informationen und Literatur im Internet* sind die Ausführungen bei SESINK (vgl. 2012, S. 133-161).

* Sobald eine Gliederung erstellt ist, muss überprüft werden, ob *zu den einzelnen thematischen Kapiteln ausreichend Literatur* vorhanden ist; manchmal kann oder muss die Gliederung entsprechend der Literaturlage verändert werden.

2.2.5 Lesen und Verarbeiten der Literatur

* *Aktiv Lesen!* (siehe die Ausführungen in Abschnitt 2.1)
  - Zunächst Überfliegen von Klappentext, Inhaltsverzeichnis, ggf. Abstract, Vorwort, Einleitung, Zusammenfassung, (Zwischen-)Überschriften, Anfang und Ende von Absätzen.
  - Thema und Fragestellung im Auge behalten: nur die Abschnitte bzw. Texte lesen, die für diese wirklich nötig sind. Nicht verzetteln!
* *Genaueres Durcharbeiten* und *Exzerpieren* von Texten erst dann, wenn eine erste grobe Gliederung für die Arbeit erstellt ist, damit die Ergebnisse sich rasch zuordnen lassen (sofern möglich).
* *Literaturangaben immer sofort dokumentieren* (Karteikarten, Datenbank, Literaturverarbeitungsprogramm, mindestens Literaturliste): alle notwendigen bibliographischen Angaben (siehe Abschnitt 4.3.2) sofort aufnehmen, auch den Standort und die Signatur, ggf. ob ein Exzerpt vorhanden ist etc.
* Von allen Textstellen, die herausgeschrieben werden oder auf die Bezug genommen wird, *immer sofort die genaue Fundstelle mit Seitenangaben notieren!* Beim Exzerpieren immer sofort *sorgfältig zitieren*
* *Achtung:* Wird hier nicht von Anfang an sorgfältig gearbeitet, besteht die Gefahr, dass unbeabsichtigt ein *Plagiat* entsteht! Die Suchbewegungen, die ansonsten später im Arbeitsprozess nötig werden, sind außerordentlich lästig und überflüssig.

2.2.6 Gliederung erstellen

* Das, was vermittelt werden soll, muss in einen *logischen Zusammenhang* gebracht werden und Schritt für Schritt zur Beantwortung der (erkenntnis- bzw. forschungs)leitenden Fragestellung führen. Meist entwickelt sich die eigene Gliederung beim Bemühen, die eigenen Gedanken und Pläne für den zu erstellenden Text zu strukturieren. Eine Orientierung an Gliederungen in Veröffentlichungen ist möglich, muss dann aber transparent gemacht werden (vgl. KRUSE 2007, S. 153-156; SESINK 2012, S. 206-214).
* Zu Beginn *ersten groben Entwurf* machen (möglichst rasch, nicht zu lange lesen). Dieser ist die Grundlage für die weitere Bearbeitung, auch wenn er wieder verändert wird. Hier werden die ersten Gedanken und Stichworte zugeordnet.
* Sinnvoll ist es, gleich mit der ersten Gliederung aufzuschreiben, was mich zu dieser Gliederung veranlasst hat und *zu den einzelnen Gliederungspunkten erläuternde Thesen und Stichworte* zu notieren. Dies kann auch in unvollständiger Form geschehen. Wird dies sofort in einem *Textverarbeitungsprogramm*

durchgeführt, können die Arbeitsgliederung und ihre kurzen Erläuterungen leicht verändert werden.

* *Gliederungsschema:* alpha-numerisch oder numerisch (vgl. hierzu THEISEN 2017, S. 117-121). Die *numerische* Gliederung ist am übersichtlichsten, sofern nicht zu viele Gliederungsebenen genutzt werden. Wichtig ist hier:
  - *nicht zu stark untergliedern* (max. 3-4 Ebenen);
  - einen Oberpunkt durch die Unterpunkte aufgliedern (also in *mindestens zwei Unterpunkte*, da ein alleinstehender Untergliederungspunkt den Aspekt nicht in Teilaspekte differenziert und somit keine echte Untergliederung darstellt);
  - das gewählte *Ordnungsschema konsequent* durchhalten.

Beispiele:

Die Gliederung in diesem Büchlein ist als *numerische Gliederung* (auch Dezimalklassifizierungs-System genannt) erstellt.

Zum Vergleich folgen Ausschnitte einer Gliederung, wie sie sich als *alpha-numerische Gliederung* (häufig auch Buchstaben-Ziffern-System genannt) darstellen würde.[9]

I Einleitung
II Hinweise zur Herangehensweise
  A Bearbeitung wissenschaftlicher Texte
  B Erstellen wissenschaftlicher Arbeiten
    1 Vorbereitung und Planung einer Arbeit
    2 Klärung des Themas und der Fragestellung
    3 Wissenschaftliche Texte erstellen
      a) ...
      b) ...

* Zusätzlich zur Gliederung sollte der eigene Text strukturiert werden, um den Leser*innen das Verständnis zu erleichtern. Hier können folgende *Strukturierungshilfen* verwendet werden:
  - Absätze (sie sollten sinnvollen Leseeinheiten entsprechen, also zu Beginn eines neuen Gedankens oder Teilaspekts eingefügt werden und dabei weder den Text zerstückeln noch in überlange Passagen ausarten),
  - Einzüge (für längere Zitate),
  - Kursivsetzung von Kernbegriffen,
  - Spiegelstriche (Aufzählungen) und
  - Zwischenüberschriften.

---

[9] Anders als in diesem Beispiel gibt es bei der alpha-numerischen Form auch das Verfahren, nach den gliedernden Ziffern und Buchstaben jeweils einen *Punkt* zu machen (vgl. THEISEN 2017, S. 119f.; SESINK 2012, S. 214). *Beispiel:* „I. Einleitung"

2.2.7 Ausarbeitung der Arbeit

* Die *sprachliche Darstellung* in wissenschaftlichen Texten verlangt etliche Eigenschaften, die sich von der Umgangssprache deutlich unterscheiden. Von Bedeutung ist nach KRUSE (2007, S. 105-107, S. 165- 168), dass
  - die Sprache möglichst flüssig ist,
  - die zentralen Begriffe/Fachbegriffe eingeführt und korrekt verwendet werden,
  - Beschreibungen und Interpretationen möglichst präzise sind,
  - vollständige Sätze gebildet werden,
  - die Darstellungen möglichst sachlich sind,
  - auf Nebensächliches verzichtet und
  - der Text überwiegend im Präsenz verfasst wird.
* Auch wenn es unterschiedliche Schreibtypen gibt, ist es wichtig, die *schriftliche Ausarbeitung nicht aufzuschieben*, bis ich das Thema ganz erschließen kann. Wenn ich bereits selbst Passagen formuliere, lese ich auch andere Texte, die ich in meinen Gedankengang einarbeiten möchte, mit anderen Augen. Parallel zur Formulierung des Erstentwurfs wird dann vertiefende Lektüre weiter notwendig sein. Insofern spricht viel dafür, früh mit der schriftlichen Ausarbeitung zu beginnen. Wichtig ist es, hier das eigene Schreibverhalten zu kennen und mit seinen Schwächen bewusst umzugehen.
* Grundsätzlich gilt: Eine Theorie oder eine Auffassung muss immer zuerst *sachlich korrekt* dargestellt werden, bevor eine Gegenauffassung gebracht oder Kritik geübt wird.
* Ebenen der Darstellung beachten:
  - Geht es um die Objektebene (den Gegenstand selbst) oder die Theorieebene (die Theorie über den Gegenstand)?
  - Oder steht sogar die Metatheorie im Zentrum, also die Basisannahmen, die einer Theorie zugrunde liegen (Theorie über die Theorie)?
  - Bewege ich mich oder der zu rezipierende Text gerade auf einer beschreibend-analytischen (deskriptiven) oder einer normativ-bewertenden (präskriptiven) Ebene? Es ist ein großer Unterschied, ob ein Text einen Sachverhalt analysiert oder ihn bewertet, ob ich einen Sachverhalt beschreibe oder ihn bewerte!
* *Wie erstelle ich* einen *guten wissenschaftlichen Text?* Basistexte lesen – Rohfassung meines Textes schreiben – speziellere Texte lesen – Einbauen in meine Rohfassung, differenzieren – Text weiter ausarbeiten, an ihm feilen. In aller Regel gilt: Je dichter und differenzierter, desto besser der Text. Aber natürlich sind nicht alle Texte gleich dicht, wie der Vergleich einschlägiger Zeitschriftenaufsätze mit Handbuchbeiträgen zeigt.
* Zum *Schreibduktus wissenschaftlicher Texte:* Literaturquellen sollten im eigenen Text kritisch, abwägend oder vergleichend miteinander verknüpft werden – nicht nur Bücher exzerpieren oder/und Lexikonbeiträge aneinanderreihen.

* Genauso wenig genügt es, *aus eigener Autorität oder Erfahrung zu schreiben* („ich glaube...", „ich meine...", „nach meinen Erfahrungen ist..."). *Wissenschaftliches Schreiben* beinhaltet dagegen
  - das Wissen einer Wissenschaftsdisziplin darzustellen und zu begründen,
  - seine Entstehung nachzuvollziehen und ggf. aufzuzeigen,
  - die unterschiedlichen Quellen, aus denen es stammt, zu dokumentieren,
  - Argumente und Belege kritisch zu bewerten,
  - alternative und rivalisierende Auffassungen einzubeziehen und letztendlich
  - das Wissen in einen systematischen Kontext einzubetten.
* Nur auf einer solchen Grundlage kann eine *eigene begründete Position* – und das ist etwas anderes als eine ‚eigene Meinung' – bezogen werden. Die ‚eigene Logik' und der eigene ‚rote Faden' müssen aber dennoch erkennbar sein!
* Wenn ich ein Kapitel begonnen habe, sollte ich eine (und sei es auch nur vorläufige) Fassung schreiben und *das Kapitel (vorläufig) abrunden*, bevor ich mit einem neuen inhaltlichen Aspekt beginne. Arbeite ich parallel an verschiedensten Stellen, besteht die Gefahr der Verzettelung. Manchmal ist es aber auch hilfreich, wenn ich in einem Kapitel nicht weiterkomme, eine Blockade habe, erst einmal an einem anderen Kapitel zu arbeiten.
* Anspruch an das *„Niveau" der Arbeit:* Studierende müssen (auch in der Bachelorarbeit) in der Regel primär wissenschaftliches Wissen *weiterverarbeiten*, d. h.: sie zeigen, dass sie wissenschaftlich exakt arbeiten können. Die Produktion von neuem Wissen ist vor allem der Anspruch einer Dissertation (Doktorarbeit).
* *Fremdwörter sparsam und zielgruppengerecht* einsetzen und erklären. Die Verwendung von Fachsprache ist jedoch ein grundlegendes Merkmal einer wissenschaftlichen Arbeit.
* *Abkürzungen* können viel Schreib- und Lesearbeit sparen. Allerdings sollten sie erläutert und sparsam eingesetzt werden. Gegebenenfalls kann ein Abkürzungsverzeichnis sinnvoll sein.
* Immer wieder überlegen: Worauf will ich raus? Was ist meine *zentrale Aussage, mein roter Faden?* Passt das, was ich gerade schreibe, zu dieser zentralen Aussage bzw. diesem roten Faden bzw. führt es zur Beantwortung meiner (erkenntnis- bzw. forschungs-)leitenden Fragestellung(en)?
* Wichtig ist es, während des Schreibens bei dem *eingegrenzten thematischen Spektrum* zu bleiben. Sonst besteht die Gefahr, sich vom eigentlichen *Kernthema* zu entfernen.
* Zu *Beginn* eines größeren Kapitels sollte verdeutlicht werden, um welche Fragestellung es in diesem Kapitel geht: Warum dieses Kapitel? Wie ist es in den Gesamtzusammenhang der Arbeit eingegliedert?
* Nach umfänglicheren Kapiteln kann es sinnvoll sein, ein knappes *Zwischenfazit* anzuschließen, welches die Kernpunkte nochmals kurz auf den Punkt bringt und auch als Überleitung zum nächsten Kapitel dient.

* *Überleitungen* stellen die Verbindung zum folgenden Kapitel her und verdeutlichen den roten Faden der Arbeit, weil sie die Bezüge zwischen unterschiedlichen inhaltlichen Themen und Zugängen herstellen. Damit dienen sie dazu, das eigene Vorgehen und dessen Sinn knapp zu erläutern. Dabei muss aber sehr darauf geachtet werden, *keine langatmigen und sich wiederholenden Passagen* zu produzieren.
* Bei empirischen Arbeiten sind die *Scharnierstellen zwischen Theorie* und Praxis wichtig! Was bedeutet die Theorie für mein empirisches Vorgehen? In welchem Licht lässt meine Empirie den aufgearbeiteten Literaturstand erscheinen? Die Arbeit darf nicht in zwei Teile zerfallen, die unverbunden nebeneinanderstehen, sondern muss aus einem Guss sein.
* Eine gute Möglichkeit für eigene Kommentare besteht in der Formulierung von *Anmerkungen* (meist in Fuß-, selten in Endnoten). Diese können bei der Überarbeitung wieder in den Fließtext integriert werden (siehe Abschnitt 4.5.3).
* *Formale Anforderungen* beachten (siehe Abschnitt 4); an Korrektur und Überarbeitung denken und diese zeitlich einplanen.
* Sehr zu empfehlen ist, die eigene wissenschaftliche Arbeit *an andere Personen zur Korrektur* zu geben. Hier sollte möglichst unterschieden werden zwischen einer inhaltsbezogenen Korrektur (Korrektur auf Sinn, Logik, inhaltliche Plausibilität) und einer auf Formalia bezogenen Korrektur, die Rechtschreibung, Zeichensetzung und Formalia wissenschaftlichen Arbeitens prüft.
* Bei der Textproduktion sollten *grundlegende Regeln der Schreibtechnik* berücksichtigt werden, z.B. wo Leerzeichen gesetzt werden und wo nicht usw. (SESINK 2012, S. 256; sehr zu empfehlen!). Auch bei grundlegenden Regeln der Schreibtechnik ist in der Anwendung *Einheitlichkeit* gefragt!

2.3 Zeitmanagement bei wissenschaftlichem Arbeiten

Ein häufiges Problem bei der Erstellung wissenschaftlicher Arbeiten – sei es nun ein Referat, ein Protokoll, eine Studienarbeit oder eine Bachelorarbeit – besteht im Umgang mit den eigenen zeitlichen Grenzen angesichts Herausforderungen seitens der Hochschule und des Privatlebens. Die folgenden Überlegungen zu Zeitmanagement beim wissenschaftlichen Arbeiten sollen eine Unterstützung dabei bieten. Sie müssen aber *für den eigenen Gebrauch angepasst* und *immer wieder verändert* werden, wenn sie ihren Zweck erfüllen sollen.

Die Auseinandersetzung mit dem Thema Zeitmanagement im Zusammenhang mit wissenschaftlichem Arbeiten sollte sich zudem nicht auf Methoden und Techniken beschränken, sondern muss auf verschiedenen Ebenen ansetzen (vgl. auch BIEKER 2016, S. 22-30; RIEDENAUER/TSCHIRF 2012):

* *Persönliche Zeit:* Was ist mir wichtig? Wo will ich in meinem Leben Schwerpunkte setzen? Was will ich erreichen? Was sind meine Ziele?
* *Arbeitszeit:* Wie kann ich meine Arbeitszeit so verwenden, dass die Aufgaben erfüllt werden und ich trotzdem nicht (dauerhaft) überlastet bin?

* *Verhaltens- und Einstellungsänderungen:* Welche meiner Verhaltensweisen und Einstellungen, die nicht funktional sind, sollte ich ändern oder umstellen, welche neu lernen?
* *Arbeitstechniken:* Was kann ich umorganisieren? Was muss ich erst einmal organisieren?

2.3.1 Gründe für Arbeitsstörungen

Schwierigkeiten in Bezug auf die eigene Arbeitsfähigkeit und den jeweiligen Umgang mit Anforderungen, die sich im Zusammenhang mit der Erstellung wissenschaftlicher Arbeiten ergeben, sind keineswegs seltene Einzelfälle. Dieser Eindruck entsteht vielmehr dadurch, dass sie aus Scham oder Angst vor einer Abqualifizierung („Sie sind ja unfähig..." – „Du blickst es ja nicht...") häufig verschwiegen werden. Deswegen soll im Folgenden auf *Gründe für Arbeitsstörungen* eingegangen und *Überlegungen zu ihrer Beseitigung* angestellt werden.

Zunächst werden einige Punkte benannt, die zu einer nachhaltigen Störung der Arbeitsfähigkeit führen können (vgl. KRUSE 1994, S. 171-182):

* zu viel Arbeit pro Woche/Tag;
* zu wenig Pausen;
* in der vergangenen Zeit gab es zu wenig Erholungsphasen oder zu wenig Urlaub;
* zu viel Unterschiedliches auf einmal soll erledigt werden;
* es besteht zu viel (oder auch zu wenig) Druck;
* es bestehen zu wenig Anreize für die Erledigung der anstehenden Aufgaben;
* ich habe kein Interesse an der aktuellen Aufgabe;
* das Thema ist zu abstrakt – ich habe keinen Bezug dazu, kann mir (zu) wenig darunter vorstellen;
* ich habe zu hohe Ansprüche an mich selbst;
* ich kann nicht oder schlecht aufhören;
* ich habe zu wenig Selbstvertrauen;
* die Arbeit wird überwiegend allein erledigt, es gibt keinen Kontakt zu Gleichgesinnten und ich fühle mich sozial isoliert;
* für das Thema, das ich bearbeiten soll, ist gerade seelisch kein Platz, anderes ist wichtiger – Konflikte im persönlichen Umfeld beispielsweise erleichtern es nicht gerade, sich auf ein wissenschaftliches Thema einzulassen.

2.3.2 Arbeitsstörungen und Vermeidungsverhalten abbauen – Methoden des Zeitmanagements nutzen

Als Möglichkeiten, Arbeitsstörungen und Vermeidungsverhalten zu reduzieren bzw. abzubauen, kann auf folgende Anregungen verwiesen werden (vgl. hierzu insgesamt auch Abschnitt 2.2.1; KRUSE 1994, S. 171-182; KRUSE 2007, S. 246-250):

* Die *Aufgabe überprüfen, wie realistisch* sie ist und ggf. neu formulieren.
* Eine *angenehme Anfangstätigkeit* finden. Dadurch wird der Anfang einfacher und die Belohnung erfolgt durch die Arbeit selbst.
* Anfänglich die *Lern- und Arbeitsabschnitte reduzieren*, damit die Arbeit kein unüberwindbarer Berg und weniger Angst erzeugend ist.
* Die einzelnen Lerneinheiten in möglichst angenehme und *überschaubare Mengen- und Zeiteinheiten* unterteilen. Lieber häufigere und kürzere Arbeitsperioden wählen!
* Regelmäßige *Pausen* machen. Pausen sind genauso wichtig wie die Arbeitsphasen.
  – Pausen deshalb genauso einplanen wie Arbeitsphasen. Zwischen Arbeits- und Erholungsphasen deutlich trennen.
  – Pausen abwechslungsreich gestalten – körperlichen Ausgleich und aktive Erholung suchen.
  – Pausen und Beendigung der Arbeitszeiten mit Belohnungen verknüpfen.
* *Belohnungen* bis zur Erledigung der gestellten Aufgabe aufschieben.
* Den *eigenen Rhythmus* finden und die Aufgaben darauf abstimmen.
* Eventuell den *Arbeitsplatz wechseln*, um Gewohnheiten aufzubrechen.
* *Störeinflüsse* so weit wie möglich *reduzieren.*
* Ähnliche Tätigkeiten in *Zeitblöcken* zusammenfassen.
* Den *Neubeginn von Arbeitsphasen* gut vorbereiten. Bereits bevor ich aufhöre, überlegen, wie ich weitermachen will und ggf. Übergänge schaffen.
* Beobachtung der Gefühle, die das Thema/die Tätigkeit auslösen:
  – Was fällt mir besonders schwer?
  – Welche Aspekte des Themas, welche Tätigkeiten machen mir *Angst*, welche *Freude*?
  – Ist es sinnvoll, die Arbeit weiter vor mir herzuschieben? Oder benötige ich aktuell eine Pause und/oder einen Abstand?
  – Welches Ziel verfolge ich mit der Arbeit?
  – Was ist meine Motivation?
  – Wichtig: Durch solche Überlegungen wird bereits mit der Arbeit begonnen! Sie gehören bereits zur wissenschaftlichen Arbeit!

* Die eigenen *Stimmungsschwankungen beachten und ernst nehmen*. Weder der Niedergeschlagenheit noch der Euphorie, weder der Perfektion noch der Bequemlichkeit ganz nachgeben. Welche Anforderungen werden an mich gestellt, welche stelle ich an mich selbst?
* *Tagträume aufschreiben* und diese sich – soweit möglich – erfüllen. Tagträume verweisen oft auf unerfüllte Wünsche.
* *Rückhalt und soziale Unterstützung* sichern z.B. durch Arbeitsgruppen und „andere“ Sozialbeziehungen (vgl. BIEKER 2016, S. 42-45). Diese sollten aber *in regelmäßigen* Abständen *überprüft* werden: Wer tut mir gut? Wer unterstützt mich im Arbeitsprozess und wer (be-)hindert mich eher?

2.3.3 Checkliste zur täglichen Zeitplanung

Um die eigenen Gewohnheiten in Bezug auf Zeiteinteilung und Planung etwas genauer kennenzulernen und dann auch schrittweise verändern zu können, ist es sinnvoll, sich immer wieder etwas Zeit zu nehmen (5-10 Minuten regelmäßig morgens ist schon sehr gut!), um die Vorhaben und Aufgaben zu sammeln. Entscheidend ist, dass dies *regelmäßig* geschieht und dass es *schriftlich* gemacht wird.

* *Welche Ziele* will ich heute erreichen?
* *Warum* will ich die Ziele erreichen? Welche *Prioritäten* will ich setzen?
* Entspricht die *Zeiteinteilung* meinen Zielvorstellungen?
* Welche *Aufgaben* werde ich heute erfüllen müssen? Muss ich sie tatsächlich alle (und heute, selbst, jetzt) erfüllen?
* Entspricht der *Zeitaufwand* für die einzelnen Tätigkeiten ihrer *Wichtigkeit?*
* Wo erliege ich meinem *Perfektionszwang*, wo meiner *Bequemlichkeit* oder anderen Neigungen?
* Blockzeiten für störungsfreie Arbeit ermöglichen! *Störungen minimieren!* Insbesondere Handy auf lautlos stellen oder außer Sichtweite platzieren, ggf. offline gehen.
* Einzeltermine möglichst reduzieren – *ähnliche Tätigkeiten zusammenlegen* (z.B. Telefonate nicht zwischendurch führen, sondern hintereinander).
* Stehen *Arbeitsphasen, Pausen und Freizeit im richtigen Verhältnis* (Abfolge und Dauer) zueinander?
* Stehen *Lesen, Verarbeiten und Wiederholen* (oder verschiedene andere Tätigkeiten, denen ich mich gerade widme) in einem angemessenen Verhältnis?
* Ist der *Zeitplan ausreichend flexibel und realistisch?* Es sollte genügend Zeit für Unvorhersehbares freigehalten werden, sonst mache ich laufend die frustrierende Erfahrung, dass ich meine Zeitpläne nicht erfüllen kann.

2.3.4 Selbstevaluation der Zeitplanung

Diese Liste dient der regelmäßigen (abendlichen oder am nächsten Morgen platzierten) *Überprüfung*, ob ich meine angestrebten Ziele bei der Zeitplanung auch erreicht habe. Sie ist als *Hilfestellung* zu verstehen, um den eigenen Vorstellungen Schritt für Schritt näher zu kommen und Gewohnheiten zu reflektieren, aber *nicht als unerbittliche und unveränderliche Messlatte*: Vielleicht habe ich vieles nicht erreicht, was ich geplant hatte, bin aber zufrieden damit, wie es war – dann ist das auch in Ordnung. Problematisch wird es erst, wenn ich es zwar gerne anders gehabt hätte, aber mir selbst ‚im Weg stand'.

- Was habe ich heute erreicht?
- Habe ich meine Tagesplanung eingehalten?
- Was bleibt unerledigt zurück?
- Was kam anders als ich wollte und erwartete?
- Wie lässt sich das in Zukunft vermeiden? Was kann ich dagegen tun (sofern ich es will)?
- Wo habe ich meine Zeit verschwendet? Welche Tätigkeiten waren unnötig, welche zu ineffektiv?
- Was habe ich nicht gemacht, obwohl es mir eigentlich wichtig wäre und guttun würden (z.B. regelmäßige Bewegung)?
- Was habe ich eigentlich sehr gern gemacht, kann es mir (und anderen) aber schlecht eingestehen?
- Für welche Tätigkeiten habe ich länger gebraucht, als ich geplant hatte? Wo also war mein Plan unrealistisch?
- Welche Konsequenzen ziehe ich für meine zukünftige Zeitplanung und mein Verhalten?

3 Formen der Darbietung wissenschaftlicher Arbeiten

Über die unterschiedlichen Formen wissenschaftlicher Arbeiten werden institutionalisierte Formen wissenschaftlicher Kommunikation eingeübt, so z.B.: ein wissenschaftlicher Vortrag über Referate und ein wissenschaftlicher Beitrag über Haus- oder Studienarbeiten.

3.1 Referat

Das Referat richtet sich auf eine mündliche Kommunikationssituation, entsprechend muss auf den Kontext Rücksicht genommen werden, die Zuhörer*innen müssen den Ausführungen folgen können und das Referat sollte in den Zusammenhang des Seminars eingebaut sein. Nach Möglichkeit führt das Referat in eine abschließende Diskussion. Dazu ist es sinnvoll, entsprechende Angebote zu machen (vgl. zum Referat insgesamt SESINK 2012, S. 303-314; BOHL 2018, S. 81-90).

3.1.1 Charakteristika, Aufbau, Vortrag

* *Definition:* Auseinandersetzung mit einem abgegrenzten Themenkreis und begrenzter Literatur, für den die erforderliche Literatur manchmal vorgegeben wird, manchmal noch recherchiert werden muss.
* Zu einem Referat gehören folgende *Arbeitsschritte:*
  - Vorbereitung,
  - schriftliche Ausarbeitung,
  - mündlicher Vortrag.
* In der Regel soll ein gegebenes Thema (eine Fragestellung) mit verschiedenen Literaturquellen problemorientiert bearbeitet und schriftlich ausgearbeitet werden, so dass *das Wesentliche* dazu konzentriert und pointiert referiert werden kann. Ausdifferenzierungen und Vertiefungen können dagegen in die Diskussion oder die Ausarbeitung eingebracht werden.
* Die Sonderform *Inhaltsangabe* stellt Inhalt eines Beitrags oder Buches dar. Dazu werden dessen wesentliche Aussagen kurz in eigenen Worten wiedergegeben (in der Regel ohne Zitate und eigene Ergänzungen).

3.1.1.1 Allgemeine Hinweise

* Klären: Referat allein oder als Gruppenreferat halten?
* Dauer vereinbaren (in aller Regel zwischen 10 Minuten und max. 45 Minuten).
* *TIP*: Eine mit dem PC geschriebene Seite (Times 12 Punkt, eineinhalbzeilig) ergibt bei langsamem Vortragen ca. 4 Minuten. Für 100 Wörter wird ca. eine Redeminute benötigt (z.B. 3000 Wörter ergeben 30 Minuten Vortrag; hilfreich ist die Anzeige „Wortanzahl“ bei Word). Wie viel Zeit für einen Vortrag benö-

tigt wird, kann aber nur durch *ernsthafte Probeläufe* festgestellt werden. Also: Auf jeden Fall das Referat vorher *laut* vortragen, im Notfall dem Kleiderschrank, besser Freund*innen oder Kommiliton*innen!

* Die Formen der Darstellung sind vielfältig: Vom klassischen Vortrag über Impulsreferat mit anschließenden Arbeitsgruppen und Diskussion bis zur szenischen Darstellung ist Verschiedenes möglich und gewünscht oder eben auch nicht. Deswegen unbedingt mit Dozierenden absprechen!

3.1.1.2 Idealtypischer Aufbau des Referats (bzw. von schriftlichen Arbeiten)

* Die *Einleitung* beinhaltet (vgl. FRANCK 2013, S. 132-151):
  - Thema/Fragestellung umreißen, Vorgehen erläutern, evtl. schon (Fach-) Begriffe definieren.
  - Eventuell kurze Angaben über Autor*in bzw. darzustellende Person und/oder Hinweise auf wissenschaftliche und praktische Bedeutung des Themas geben.
  - Der ‚eigene rote Faden' sollte sich in der Einleitung wiederfinden, das erleichtert die Orientierung über die Arbeit und das Zuhören.
  - Übersicht geben über das Gesamtreferat und seine Gliederung (z.B. Visualisierung durch Plakat, Folie einer PPP oder Paper/Handout).
* Der *Hauptteil* beinhaltet:
  - Die zentralen (Fach-)Begriffe in einem eigenen (Unter-)Kapitel intensiver klären und auf Basis des fachwissenschaftlichen Diskurses definieren.
  - Der Aufbau des Mittelteils richtet sich nach Inhalt und Fragestellung: Soll eine Studie vorgestellt werden? Werden zwei Autor*innen miteinander verglichen? Welche Inhalte sollen vermittelt werden und welche Begriffsdefinitionen sind notwendig? Sind Hinweise zu Forschungsmethoden sinnvoll?
  - Gegenstand bzw. Antwort(en) darstellen, ggf. diskutieren und gegeneinander abwägen. Auch beim Referat muss wie bei einem wissenschaftlichen Text zwischen Darstellung und Bewertung, zwischen dem Wiedergeben fremder Quellen und eigenen Gedanken unterschieden werden.
* Für den *Schluss* gibt es verschiedene Möglichkeiten, u.a.:
  - Zusammenfassung des Hauptteils (ohne neue Inhalte).
  - Fazit der im Hauptteil dargestellten Beschreibungen, Informationen, Begründungen.
  - Ergebnisse aus dem Hauptteil in Thesen zusammenfassen und auf Problemstellung aus der Einleitung beziehen.
  - Diskutierte Positionen zusammenfassen und mit eigener – durchaus auch kritischer – Stellungnahme auf die eigentliche Fragestellung beziehen. Eine eigene Positionierung ist wünschenswert, sofern sie begründet und als solche klar erkennbar ist.

- Gegebenenfalls auf offene oder weitere Fragestellungen hinweisen.
- Das in der Einleitung aufgestellte Problem sollte zu einem vorläufigen Abschluss gebracht, die formulierte Fragestellung beantwortet werden.
- Diskussionsangebote an die Zuhörer*innen nicht vergessen.

3.1.1.3 Hinweise zur Vorbereitung des mündlichen Vortrags

* Einfache Sprache, präzise formulieren, Fremdwörter nur soweit nötig für die Botschaft und ggf. erläutern.
* Verzicht auf Anmerkungen und ausführliche Zitate.
* Vermeidung von abgegriffenen Redensarten und moralischen Appellen, subjektive Betroffenheit sachlich begründen.
* Auf inhaltliche Prägnanz achten.
* Eindeutige Klärung von Begriffen und ihrer Bedeutung.
* So weit möglich Zuspitzung auf Pro- und Kontra-Argumente.
* In der Vorbereitung vollständigen Text formulieren, für den Vortrag aber Stichwörter verwenden (z.B. auf zusätzlichen Karteikarten oder auf PowerPoint-Präsentationen). Dies ist wichtig für einen möglichst freien Vortrag!
* Einbeziehung von Medien wie PPT, Moderationsmaterialien, Folien, Tafelanschrieb und ggf. neuen digitalen Medien wie beispielsweise menti.com.
* Thesenpapier vorbereiten für die Zuhörer*innen und eng auf den eigenen Vortrag abstimmen (siehe Abschnitt 3.1.2).
* Sofern der Vortrag auf der Basis eines ausformulierten Manuskripts gehalten wird, sollte dies groß gedruckt und gut lesbar sein. Vorsicht: Beim Ablesen eines ausformulierten Textes schalten die Zuhörer*innen gerne und rasch ab!
* Den Vortrag vorher *mindestens einmal laut* halten, am besten mit Zuhörer*innen!
* Soll das *Publikum interaktiv einbezogen* werden, wenn ja in welcher Form oder welchem Ausmaß? Dies ist mit den Dozierenden zu klären.
* Die Art des Vortrags ist für das Gelingen eines Referates genauso wichtig wie der Inhalt – beides muss gut überlegt und vorbereitet werden.

3.1.1.4 Hinweise zum Vortragen des Referats

* Tipps gegen die Nervosität:
  - Gute Vorbereitung hilft sehr!
  - Sich den Wissensvorsprung vor den anderen bewusst machen.
  - Offensiv mit der Nervosität umgehen, zu ihr stehen (z.B. zu Beginn des Referats darauf hinweisen), ohne mit ihr zu kokettieren.
  - Vorab durchatmen und versuchen langsam und deutlich zu sprechen.
* Nach Möglichkeit Bezug zu vorheriger Sitzung herstellen.

* Referat möglichst frei vortragen!
* Uhr bereithalten, um die Zeit nicht zu überziehen. Vorab Kürzungsmöglichkeiten einplanen: Gibt es Abschnitte, die ich (vor allem gegen Schluss) überspringen könnte, wenn es zeitlich eng wird?
* Zitate und Paraphrasen auch beim Vortragen kenntlich machen.
* Visualisierungen einsetzen (Präsentation, Paper, Tafel, Pinnwand, Plakate, Flipchart, Visualisierer, Dias, Videos, ...).
* Bei Computer-Präsentationen z.B. mit PowerPoint sollte mit Animation etc. sparsam umgegangen werden – im Mittelpunkt des Vortrags muss erkennbar der Inhalt stehen und nicht Technik und Spielerein.
* Die Folien sollten gut lesbar sein (Schriftgröße) und nicht vom Vortrag ablenken. Sie sollten übersichtlich strukturiert sein und nur die wichtigsten Begriffe abbilden.
* Besonders wichtige Aussagen einer Quelle können sinngemäß wiederholt werden; wenn der Wortlaut wichtig ist, auch wörtlich.
* Bei wörtlichen Zitaten ist es wichtig, den Anfang und das Ende des Zitats deutlich zu machen: „Ich zitiere“ – „Ende des Zitats“.
* Zwischenzusammenfassungen und Verweise auf die Gliederung erleichtern die Konzentration und das Verfolgen des ‚roten Fadens‘.
* Wenn der Schluss des Referats angekündigt wird, muss dieser auch nach kurzer Zeit wirklich erfolgen.
* Sinnvoll ist der Abschluss des Referats durch eine kurze Zusammenfassung, eine thesenartige Wiederholung der Hauptaussagen und die Formulierung hierauf bezogener Fragen und Probleme, die eine anschließende Diskussion erleichtern.
* Vor Beginn den Umgang mit Zwischenfragen klären. Am besten: Verständnisfragen zwischendurch, inhaltliche Diskussion am Schluss.
* Für Diskussion eventuell vorher Fragestellungen festlegen (vgl. zum Vortrag SESINK 2012, S. 303-308 und FRANCK 2017, S. 169-178; zur Vorbereitung vgl. FRANCK 2017, S. 179-189).

3.1.2 Paper/Infopapier/Handout/Thesenpapier

* Dies wird oft von den Dozierenden verlangt, und ist fast immer sinnvoll, auch ergänzend zu PPP.
* Das Paper/Handout hat unterschiedliche *Funktionen,* die auch kombiniert werden können:
  – *Gliederung* des Referats, eventuell *mit wesentlichen Aussagen*,
  – *Thesenpapier* mit zusammenfassenden oder gegensätzlichen, knapp und griffig formulierten Thesen oder
  – *Infopapier* mit ergänzenden Informationen oder Details, „deren Vortrag im Referat ermüdend wirken würde (etwa Gesetztexte) oder die in schriftlicher

Form angemessener zu präsentieren sind (zum Beispiel Zahlenmaterial, Schaubilder)" (SESINK 2012, S. 309; zur Differenzierung zwischen „Infopapier" und „Thesenpapier" vgl. SESINK 2012, S. 308-314).

* Es sollte *enthalten:*
  - Name der Veranstaltung, Leitung/Dozierende, Universität/Hochschule und Institut (Fachbereich, Fakultät o. ä.), Semester, Datum, Name(n) der Referent*innen;
  - Thema und entsprechender Textteil oder Inhalt (s. o.);
  - wichtige Tabellen, Graphiken, Fallbeispiele o. ä.;
  - eventuell: (offene) Fragen als Diskussionsgrundlage;
  - verwendete Literatur.
* Umfang, Aufbau und Inhalt des Handouts sind mit den Dozierenden abzustimmen – hier sind die Vorstellungen sehr unterschiedlich.

3.1.3 Schriftliche Ausarbeitung des Referats

* Allgemein zu schriftlichen Arbeiten siehe Abschnitt 4.
* Nicht vergessen: Deckblatt, Inhaltsverzeichnis mit Seitenzahlen, Literaturverzeichnis.
* Umfang unbedingt mit Dozierenden absprechen.
* Bei Gruppenarbeiten klären, ob die Arbeitsleistung der einzelnen Teilnehmer*innen erkenntlich sein muss.

3.2 Haus- bzw. Studienarbeit

* Die Haus- bzw. Studienarbeiten ermöglichen in kleiner Form die Einübung von Fähigkeiten, die für die Abschlussarbeit benötigt werden (vgl. hierzu insgesamt SESINK 2012, S. 329-333).
* Das Vorgehen bei der Erstellung ist analog zum Referat bzw. grundsätzlich wie bei wissenschaftlichen Arbeiten zu gestalten (siehe Kapitel 3.1 und 4).
* In der Regel umfassendere Behandlung eines Themas: mehr Literatur, mehr Aspekte, größerer Umfang, eigene Stellungnahme.
* Die Strukturmerkmale, wie sich z.B. eine Studienarbeit und ein ausgearbeitetes Referat in ihren Anforderungen unterscheiden, sind in aller Regel in der *Studien- und Prüfungsordnung* nachzulesen. Ergänzend macht es Sinn, sich mit den Dozierenden abzustimmen.
* Anregungen zur *Themenwahl:*
  - eigenes Interesse;
  - Vermeidung von globalen Themen, überschaubares Thema wählen;
  - Zusammenhang zu späteren Prüfungen;
  - Bezug zur angestrebten Berufstätigkeit.

- Sinnvoll ist das *Setzen einer eigenen Bearbeitungsfrist*, auch wenn kein fester Termin festgelegt ist.
- Möglichkeiten der *Betreuung nutzen!*
- Überlegen, mit wem das Thema sonst noch diskutiert werden kann (Mitstudierende, Kolleg*innen aus der Praxis, Dozierende).

3.3 Protokoll

3.3.1 Grundsätzliches zum Protokoll

- Es ist zu unterscheiden zwischen *Protokollen als Leistungsnachweisen*, durch die einzelne Veranstaltungen und der Gesamtzusammenhang eines Seminars nachvollziehbar werden und *Sitzungsprotokollen* von Gremien (Leitungsrunden, Mitgliederversammlungen, Aufsichtsgremien usw.)! Im Folgenden geht es primär um erstere, viele Aspekte sind aber auf Sitzungsprotokolle übertragbar.
- *Adressat*innen* klären:
  - Das Protokoll richtet sich in knapper Form (ggf. in Stichworten) meist in erster Linie an die Personen, die an der Veranstaltung teilgenommen haben.
  - Es soll aber oft auch für Dritte nachvollziehbar sein, die nicht anwesend waren.
- Die *Gliederung* der Sitzung (Wiederholung vom letzten Mal, Referat, Diskussion) sollte erkennbar sein.
- Es muss *enthalten:* Namen der Protokollant*innen, Bezeichnung und Datum der Veranstaltung, Datum der Protokollabfassung.
- Unterschieden wird in (vgl. insgesamt SESINK 2012, S. 295-302):
  - *Verlaufsprotokoll:* chronologische Wiedergabe des Verlaufs mit den wesentlichen Beiträgen (ob mit oder ohne Namensnennung von Diskutant*innen muss abgesprochen werden);
  - *Ergebnisprotokoll:* stellt kurz die Ergebnisse vor;
  - *Ausgearbeitetes Protokoll:* Verlaufs- oder Ergebnisprotokoll wird mit Hilfe von Literatur ausgearbeitet, entsprechende Quellenbelege werden eingearbeitet).

3.3.2 Hinweise zur Anfertigung eines Protokolls

- Protokoll möglichst in *unmittelbarem zeitlichem Zusammenhang* mit der Seminarsitzung erstellen.
- Das Protokoll sollte mit einer kurzen *Gliederung* beginnen. Diese kann sich an den Phasen der Seminarsitzung orientieren (notwendig nur bei Verlaufsprotokoll), häufig ist eine inhaltliche Gliederung aber sinnvoller.
- Denkbar und sinnvoll kann es sein, im Anschluss an die Gliederung eine *kurze Zusammenfassung* oder eine *Kernthese* zur Sitzung zu formulieren. Diese muss aber klar als solche erkennbar sein.

* Durch eine gute *Gliederung* und eine anschauliche *optische Gestaltung* des Protokolls ist der Inhalt leichter erfassbar.
* Über die Sitzung hinausgehende Ergänzungen und Anmerkungen sind als solche zu kennzeichnen und ggf. zu begründen.
* *Materialien* wie Text- oder Thesenpapiere sind als *Anlagen* dem Protokoll beizulegen.
* *Tafelanschriften* und ggf. Fotos von Plakaten sollten ins Protokoll aufgenommen und entsprechend gekennzeichnet werden.
* *Wichtige Hinweise* wie Literaturangaben etc. in das Protokoll aufnehmen.
* *Eigene Gedanken oder Gedanken*, die sich z.B. beim Schreiben des Protokolls ergeben, können als Kommentare hinzugefügt werden, wenn sie entsprechend kenntlich gemacht sind.

3.4 Die Macht der Sprache: Wissenschaftliches Schreiben im sozialen Kontext (Robin Bauer)

Die folgenden Hinweise basieren auf der Grundannahme, dass Sprache eine Struktur, eine Institution ist, die jedem Individuum bereits vorgängig ist und gesellschaftliche Vorstellungen auch über Sprache transportiert werden. Daher wird Realität durch Sprache mitgestaltet und geschaffen und ist somit auch mit Fragen von gesellschaftlichen Machtverhältnissen verknüpft: Sprache kann stigmatisieren und sozial ausgrenzen, aber Begriffe können auch reflektiert und so gewählt werden, dass sie sich gegen Diskriminierung wenden, Teilhabe ermöglichen und zum Nach- und Umdenken anregen. Ungewohnte Formulierungen oder Wortschöpfungen können gewohnte Denkschemata irritieren und so einen Lernprozess in Gang setzen.

In einer Gesellschaft, in der Stigmatisierungen, Diskriminierungen und Ausgrenzungen von Menschen aufgrund bestimmter Merkmale zum Alltag gehören, wird es jedoch auch keine diskriminierungsfreie Sprache geben, da diese auch Spiegel der Gesellschaft ist, Worte auch unterschiedliche Assoziationen bei unterschiedlichen Menschen auslösen und es auf den Kontext der Verwendung ankommt. Zudem ist Sprache dynamisch und verändert sich fortlaufend.

Aus diesen Gründen kann hier kein Lexikon ‚politisch korrekter' Begriffe präsentiert werden, sondern es geht um eine kritische Reflexion des eigenen Umgangs mit Worten, gerade für Studierende der Sozialen Arbeit!

3.4.1 Inhaltliche Bedeutungen von Begriffen und Aussagen

Es gehört zum wissenschaftlichen Arbeiten, sich möglichst sachgemäß, genau und differenziert auszudrücken, sodass Qualitätskriterien wissenschaftlichen Arbeitens mit dem Versuch gut vereinbar sind, diskriminierende Begriffe zu vermeiden oder Formulierungen, die soziale Ausgrenzungen als unvermeidlich darstellen, zu hinterfragen:

- *Reflektieren:* Wie und warum verändern sich bestimmte Begriffe im Fachdiskurs historisch? Wie stehe ich dazu? Warum verwende ich in meinem Text welche Begriffe in welcher Absicht?
- *Genau formulieren:* Z.B. ist folgende Formulierung nicht korrekt oder zumindest ungenau: „Er musste Deutschland 1938 verlassen, weil seine Eltern jüdisch waren." Treffender ist: „Er musste aufgrund des deutschen Antisemitismus 1938 ins Exil gehen." Bei der ersten Formulierung erscheint es so, als sei das Jüdischsein verantwortlich, bei der zweiten hingegen wird deutlich, dass der deutsche Antisemitismus die Ursache für die Flucht ist.
- Auf die *implizite Verwendung von Begriffen* achten: Wenn sich die Bezeichnung ‚Deutsche' nur auf Menschen mit weißer Hautfarbe bezieht (oder umgekehrt deutsche Staatsbürger*innen als ‚Türken' beschrieben werden), ist dies schlicht sachlich falsch und kann unbeabsichtigte Folgen nach sich ziehen, denn eine Gleichsetzung von Deutschsein mit Weißsein reproduziert Vorstellungen von nationaler Zugehörigkeit, die ausschließend wirken.
- *Wer/was wird nicht benannt?* Wenn Sie z.B. über Familien schreiben und dabei nur heterosexuelle Varianten diskutieren, machen Sie andere Familienformen unsichtbar.

Erstrebenwert ist, nicht nur diskriminierende Begriffe zu vermeiden, sondern auch aktiv einen differenzierten, inklusiven oder ermächtigenden Schreibstil zu entwickeln. Es können u.a. Selbstdefinitionen von Menschen übernommen werden, die darauf angelegt sind, entstigmatisierend oder ermächtigend zu wirken, z.B. wenn statt von ‚Störungen der Geschlechtsentwicklung' der Begriff ‚Intergeschlechtlichkeit' verwendet wird (zur Vertiefung siehe HORNSCHEIDT 2012; ARNDT/HORNSCHEIDT 2009).

3.4.2 Grammatik: Geschlechtersensible Formulierungen

Die Grammatik der deutschen Sprache ist bisher strikt zweigeschlechtlich angelegt. Menschen werden ständig sprachlich geschlechtlich verortet, durch Personalpronomen (‚er' bzw. ‚sie') und durch die Endung von Substantiven (‚Sozialarbeiter'). Darüber hinaus ist es lange Zeit und bis heute Konvention gewesen, dass immer, wenn von Menschen im Allgemeinen gesprochen wird, die männlichen Formen verwendet werden. In dieser androzentrischen Grundform sollen Frauen immer ‚mitgemeint' sein. Androzentrisch ist dies, weil hier Männer mit Menschen gleichgesetzt werden, obwohl sie nur einen Teil der Menschheit ausmachen. Dies hat erstens die Abwertung oder zumindest Unsichtbarmachung von Frauen zur Folge. Zweitens gibt es Menschen, die nicht in das zweigeschlechtliche Modell passen, weil sie weder Mann noch Frau sind, sondern inter[10]- oder

[10] Intergeschlechtlich ist eine Person, wenn ihr körperliches Geschlecht (von Geburt an oder mit den Veränderungen in der Pubertät) nicht den biologischen Standardmodellen ‚männlich'/‚weiblich' entspricht. Es gibt also mehr als zwei biologische Geschlechter.

transgeschlechtlich[11]. Zu vermeiden ist daher das sogenannte generische Maskulinum, also die rein männliche Form als Standard. Auch eine Anmerkung, dass mit der männlichen Form alle Geschlechter gemeint sind, behebt das Problem nicht, weil rein männliche Formen, wie z.B. das Wort ‚Professor' im Kopf auch nur Bilder von Männern, also z.B. das eines männlichen Professors hervorrufen.

Daher gibt es verschiedene Lösungsansätze, die Sprache anders zu gestalten. Grundsätzlich kann in *drei verschiedene Strategien* unterschieden werden:

* das *Sichtbarmachen von Frauen* (*geschlechtergerechte* Formulierungen):
  - das Binnen-I: z.B. SchülerIn, LehrerInnen;
  - der Schrägstrich: z.B. Schüler/in, Lehrer/innen und
  - die Doppelform: z.B. Schülerin und Schüler, Lehrer und Lehrerinnen;
* das *Sichtbarmachen von allen Geschlechtern*, auch jenseits von Männern und Frauen (*geschlechterumfassende* Formulierungen):
  - Der Unterstrich, der auch im Schriftbild den Raum zwischen den Geschlechtern Mann/Frau für vielfältige Möglichkeiten eröffnen soll: z.B. Schüler_in, Lehrer_innen (vgl. HERRMANN 2007, S. 195);
  - Der Asterik/das Gendersternchen[12], z.B. Schüler*in, Lehrer*innen[13];
  - Der Doppelpunkt, z.B. Schüler:in, Lehrer:innen;
* das *Entdramatisieren von Geschlecht* als gesellschaftliche Kategorie durch *geschlechterneutrale* Formulierungen. Diese Strategie u.a. dann geeignet, wenn es darum gehen soll, Geschlecht in seiner Bedeutung zu relativieren. Beispiele:
  - Studierende (statt Studenten), die Anwesenden, Beschäftigte, ...;
  - Fachkräfte (statt Fachmann);
  - Vertretung (statt die Vertreter und Vertreterinnen);
  - die betroffene Person (statt der Betroffene);
  - Elternteil (statt Vater/Mutter);
  - alle (statt jeder), wer .... /Studierende ... (statt der Student muss...) oder
  - psychologischer Rat (statt Rat einer Psychologin)
  - ...

[11] Transgeschlechtlich oder trans* ist eine Person, wenn die Geschlechtsidentität nicht dem bei der Geburt zugewiesenen Geschlecht entspricht. Die Transidentität kann dabei binär sein, also männlich oder weiblich sein, oder nichtbinär, also nicht männlich oder weiblich, sondern etwas Eigenes.

[12] Das Sternchen stammt aus dem Kontext der Transgender-Community, in dem ‚Trans*' als unbestimmter Dachbegriff alle denkbaren Identitäten und Körper darstellen soll, die nicht dem bei der Geburt zugewiesenem Geschlecht entsprechen (und ohne eine Abgrenzung z.B. zwischen Transsexualität oder Transgender auskommt), da der Asterik in Suchmaschinen verwendet wird, wenn für ein bestimmtes Präfix alle verfügbaren Endungen gefunden werden sollen.

[13] Falsch ist: ‚Sozialpädagogen*innen', richtig ist: ‚Sozialpädagog*innen'.

Bitte berücksichtigen Sie folgende Punkte:

* *Hinweis:* Geschlechterneutrale Formulierungen lassen sich nicht lückenlos umsetzen, so gibt es z.B. (bisher) keine verständliche geschlechterneutrale Alternative zu ‚Arzt/Ärztin' als Berufsbezeichnung (‚medizinische Fachkräfte' oder ‚Medizin Praktizierende' ist so nicht verständlich). Somit muss diese Strategie in der Regel mit geschlechtergerechten oder geschlechterumfassenden Formulierungen ergänzt werden.
* *Tipp:* Bei gesprochener Sprache können Binnen-I, Geschlechterstern usw. beim Sprechen durch eine kurze Pause hörbar gemacht werden und sind so unterscheidbar von rein weiblichen Formen.
* *Hinweis:* Es sollten dann ausschließlich weibliche oder ausschließlich männliche Formen verwendet werden, wenn tatsächlich einzig Frauen/Mädchen oder Männer/Jungen gemeint sind; z.B. ist falsch von ‚PäpstInnen' zu sprechen und verschleiert in diesem Fall gar den Ausschluss von Frauen aus diesem einflussreichen Amt.
* In *direkten Zitaten* ist ein Korrigieren der männlichen Form oder diskriminierender Begriffe nicht erlaubt, weil direkte Zitate nicht verändert werden dürfen (siehe Abschnitt 4.2.2), beim indirekten Zitieren hingegen sollten alternative Formulierungen verwendet werden.
* Generell kann und sollte *problematisches Vokabular* (das z.B. historisch bedingt sein kann) kritisch kommentiert werden. Wenn die Verwendung solcher Begriffe für das Verständnis notwendig ist, wie z.B. bei einer Abhandlung über Kunst im Nationalsozialismus, dann kann die eigene Distanz zu diesen Worten durch (einfache) Anführungszeichen verdeutlicht werden: ‚entartete Kunst' oder „entartete Kunst".
* *Hinweis:* Es ist umstritten, *wie viel Kreativität* im Umgang mit der Grammatik der deutschen Sprache hier erlaubt ist. Konkret betrifft dies die Frage, ob Formen wie ‚Ärzt_innen' zulässig sind, wenn hier die Form ‚Ärzte' nicht mehr vorkommt und da ‚Ärzt' kein eigenständiges Wort ist. Gegen den kreativen Umgang spricht das Sprachempfinden, dafür spricht u.a. die Tatsache, dass bei der streng formalen Auslegung dann keine Form möglich wäre, die neben Männern und Frauen auch weitere Geschlechter sichtbar machen kann (denn die einzige Alternative wäre die Doppelform ‚Ärztinnen und Ärzte').
* *Abzuwägen* ist zwischen einer größtmöglichen Lesbarkeit und dem absichtlichen konstruktiven Irritieren der Leser*innen, um zum Nachdenken anzuregen.

4 Formale Regeln für schriftliche wissenschaftliche Arbeiten

Wichtig: Zur Unterscheidung der echten Quellenbelege bzw. Literaturhinweise von denen, die in diesem Text zur Anschauung gedacht sind, stehen alle *Beispiele in Anführungszeichen* oder in einem *Kasten.* Meist steht ausdrücklich *„Beispiel“* davor.

4.1 Äußere Form

4.1.1 Strukturmerkmale schriftlicher Arbeiten

* Schriftliche Arbeiten enthalten in der Regel:
  - Deckblatt;
  - Inhaltsverzeichnis;
  - Text-/Ausführungsteil;
  - Literaturverzeichnis:
  - ggf. Anhang.
* *Deckblatt:*
  - Enthält das Thema der Arbeit (Titel und ggf. Untertitel hervorheben);
  - Art der Arbeit („Schriftliche Ausarbeitung des Referats vom ...“, „Hausarbeit“ etc.);
  - Bezeichnung des Seminars (bzw. der Lehrveranstaltung oder Unit) und der Leitung desselben,
  - Bezeichnung der Universität oder Hochschule, des Instituts (des Fachbereichs, der Fakultät) und des Semesters;
  - Name der Verfasser*in, Kurs, ggf. Anschrift und Semesteranzahl im Studienfach;
  - eventuell Abgabedatum.
* *Inhaltsverzeichnis:* Dieses enthält *alle* Gliederungspunkte mit Seitenangabe – und zwar übersichtlich gestaltet (siehe Abschnitt 2.2.6)!
* *Text-/Ausführungsteil:* Ausarbeitung der Arbeit mit schlüssiger Gliederung (siehe Abschnitt 2.2.6).
  - Einleitung;
  - Hauptteil;
  - Schluss.
* *Literaturverzeichnis:* Es gehört nicht zum eigentlichen Textteil und enthält die gesamte verarbeitete Literatur (siehe Abschnitt 4.3).
* *Anhang:* Auch dieser gehört nicht zum eigentlichen Textteil. Eine Übersicht über den Inhalt des Anhangs ist üblich. Er kann auch mit einer gesonderten Seitenzählung versehen werden. Statt von „Anhang“ kann auch von „Anlagen“ gesprochen werden.

4.1.2 Hinweise zu Äußerlichkeiten

* Nutzung der Möglichkeiten des Computers.
  - Dabei ist es sehr zu empfehlen, *die Ressourcen dieser Technik früh ab der ersten schriftlichen Arbeit zu üben* – spätestens bei der Diplom-, Bachelor- oder Masterarbeit lohnt sich der Aufwand!
  - Eine große Erleichterung besteht in der Verwendung von *Formatvorlagen* (z.B. in Word), da durch die Änderung einer Formatvorlage alle mit diesem Format belegten Textabschnitte auf einmal angepasst werden können.[14]
* *Schriftgröße:*
  - Die Schriftgröße des Textes sollte ungefähr der herkömmlichen Schreibmaschinenschrifttype entsprechen, das heißt z.B. für die Schriftart „Times" 12 Punkte, für die Schriftart „Arial" dagegen 11 Punkte.
  - Überschriften werden je nach Überschriftenebene gleich oder zwei Punkte größer gesetzt; Fußnoten in der Regel zwei Punkte kleiner.
* *Ränder* lassen: rechts 3 cm (Platz für Randnotizen der Leser*innen), sonst 2,5 cm.[15] Beim linken Rand Art der Bindung berücksichtigen. Die diesbezüglichen Vorgaben weichen von Hochschule zu Hochschule, manchmal auch von Dozierenden zu Dozierenden durchaus voneinander ab – also bitte Vorgaben der Hochschule und/oder der jeweils betreuenden Dozierenden berücksichtigen.
* Der *Zeilenabstand* beträgt in der Regel 1,5 Zeilen oder 15 Punkte.
* *Seitenzahlen:* Alle Seiten einer schriftlichen Arbeit müssen durchnummeriert werden (außer dem Titelblatt). Anschließend das Verzeichnis mit dem PC erstellen (oder die Seitenzahlen ins Inhaltsverzeichnis übertragen; zu empfehlen ist, die Funktionalität eines Textverarbeitungsprogramms zu nutzen und das Verzeichnis automatisch zu erstellen. Der Anhang kann auch gesondert durchpaginiert werden.
* Bei *Vorgaben zum Seitenumfang* ist an der Hochschule zu klären, welche Teile der Arbeit zum (eventuell limitierten) Umfang gehören. In aller Regel zählt nur der eigentliche Textteil (ohne Titelblatt, Inhaltsverzeichnis, Literaturverzeichnis und Anhang/Anlagen) zum geregelten Umfang. Im Zweifelsfall ist hier nochmals nachzufragen, welche Regelungen gelten.
* *Abgabeform* (z.B. geheftet, in Klemmschiene, gebunden, digital) mit Dozierenden klären.

4.2 Die Grundlagen der eigenen Arbeit offenlegen

* Grundsätzlich muss die *Herkunft aller Gedanken und Ergebnisse*, die in einer wissenschaftlichen Arbeit aus anderen Werken verwendet werden und die nicht Allgemeinwissen sind, *eindeutig belegt* werden. Das gilt nicht nur für *wörtliche*

---

[14] Zur *Erstellung eines Manuskripts* mithilfe eines Textverarbeitungsprogramms sind sehr hilfreich SESINK (vgl. 2012, S. 243-292) und etwas ausführlicher BERGER (vgl. 2020, S. 226-332).

[15] Abweichend schlägt zum Beispiel BOHL folgende *Maße* vor: links und rechts 3 cm, oben und unten 2,5 cm nennt (vgl. 2018, Kopiervorlage 13).

(direkte) Zitate, sondern genauso für *sinngemäße Formulierungen (indirekte Zitate, Paraphrasen)* – auch, wenn der Text vollständig in eigenen Worten abgefasst ist. Allgemeinwissen kann hier auch Allgemeinwissen innerhalb einer bestimmten wissenschaftlichen Disziplin bedeuten, wenn etwa ein breiter Konsens über bestimmte Grundbegriffe und Konzepte besteht. Bei Qualifikationsarbeiten ist aber im Zweifelsfall immer korrekt zu zitieren! Siehe dazu auch den Abschnitt 4.4.1!

* Diese sogenannten *Quellenangaben* ermöglichen es anderen, die Aussagen zu überprüfen und sind daher *zentraler Bestandteil wissenschaftlichen Arbeitens.*
* Formalia des wissenschaftlichen Arbeitens sind ein Versuch, den relativ großen Freiraum bei der Erstellung wissenschaftlicher Texte nicht der Beliebigkeit zu überlassen, sondern *Maßstäbe für eine ‚seriöse' wissenschaftliche Auseinandersetzung* zu formulieren. Die Kriterien des wissenschaftlichen Arbeitens sind insofern ein Produkt und Merkmal der Scientific Community, das der fundierten und sorgsamen Produktion und Rezeption wissenschaftlichen Wissens dient.
* Zu *unterscheiden* ist zwischen Aspekten des wissenschaftlichen Arbeitens, bei deren Nichtbeachtung den Autor*innen eine *Täuschung* vorgeworfen werden kann (Plagiatsverdacht) und solchen Aspekten, bei denen es um eine *möglichst gute Qualität des eigenen Textes* geht.
  – Die Eigenständigkeit der formulierten Gedanken und die Versicherung, *alle* fremden Quellen als solche *kenntlich gemacht* zu haben, sind zentrale Grundlagen wissenschaftlichen Arbeitens. Ein Verstoß gegen diese Regeln wird als *Täuschung* gewertet und überwiegend mit der Note 5 geahndet.
  – Etwas Anderes ist die *Dichte des Textes*. Je argumentativer ein Text, je differenzierter die Argumentation, je vielfältiger die verwendete Literatur, desto besser (vgl. KRUSE 2017, S. 85-126)! Entscheidend für die Frage, wie dicht ein Text bzw. ein Abschnitt oder Kapitel sein soll, ist die *Intention* des Textes und der *Kontext* der Argumentation. Vorsicht ist grundsätzlich geboten bei einer zu intensiven Orientierung an *einer* Quelle (oder einigen *wenigen* Quellen), weil die Gefahr einer einseitigen Positionierung besteht (siehe Abschnitt 2.2.7) und auch Fehler in Quellen schwieriger aufgedeckt werden können.
  – *Skripten und Vorlesungs- oder Seminarmitschriften* werden überwiegend als illegitime Quellen gewertet und sind nicht zitationsfähig. Hier sollten grundsätzlich die Dozierenden nach der ursprünglichen Quelle gefragt werden, die dann beschafft und in den eigenen Text eingearbeitet wird.
* *‚Graue Literatur'*, die nicht einfach zu beschaffen ist, muss eventuell in den Anhang aufgenommen werden. ‚Graue Literatur' ist alles, was nicht mit einer ISBN veröffentlicht ist. Bezogen auf Internetquellen könnte alles, was keine permanente Adresse (siehe detaillierter 4.3.3) aufweist, als graue Literatur bezeichnet werden. Hier sollte Rücksprache mit den begleitenden Dozierenden gehalten werden.
* Für das Belegen selbst existieren *verschiedene Verfahrensweisen*, die grundsätzlich korrekt sind. Hier gibt es zwischen verschiedenen *wissenschaftlichen Disziplinen* und den in ihnen üblichen Verfahren *erhebliche Unterschiede*. Gerade bei der Verwendung von Literatur aus unterschiedlichen Bezugsdisziplinen der Sozialen Arbeit ist Vorsicht angebracht.

* Zentral ist aber, dass alle Angaben *genau, eindeutig, übersichtlich* und (mindestens innerhalb einer wissenschaftlichen Arbeit) *einheitlich* sind – bis in die Details hinein. Das ist der *wichtigste Grundsatz*, der sich auf alle formalen Regeln für schriftliche wissenschaftliche Arbeiten bezieht.
* Die Offenlegung der eigenen Arbeitsgrundlagen schlägt sich nieder im *Literaturverzeichnis (4.3)*, in der *Verarbeitung der Quellen im Text (4.4)* und im *Belegen von Aussagen durch Quellen (4.5)*.
* In diesem Büchlein wird auf das *Kurzbelegverfahren im Text* und die *Fußnotenbelegmethode* eingegangen. Da sich beide auf das Literaturverzeichnis stützen, steht dieses hier am Anfang der Darstellung – auch wenn es sich in einer wissenschaftlichen Arbeit am Schluss befindet.

4.3 Literaturverzeichnis

* Das Literaturverzeichnis ist ein zentraler Bestandteil wissenschaftlicher Texte. In ihm muss *das gesamte literarische Material* (Bücher, Zeitschriftenaufsätze, Drucksachen, graue Literatur, Internetquellen u.a.) aufgeführt werden, *das in der Arbeit verwendet wurde*; also alles, was direkt oder indirekt zitiert oder worauf Bezug genommen wurde.
* *Umgekehrt muss aber auch alles was im Literaturverzeichnis* steht, *in den Text eingearbeitet* werden – das bloße *Aufzählen von Titeln*, damit die Liste länger wird, kann als Täuschungsversuch gewertet werden. Ein Literaturverzeichnis führt grundsätzlich nur die im Text zitierten und insofern in ihn tatsächlich eingearbeiteten Quellen auf.
* Am Ende der Erstellung einer wissenschaftlichen Arbeit ist das *Literaturverzeichnis zu prüfen:* Sind alle im Text verwendeten Quellen im Literaturverzeichnis enthalten? Jede im Text verwendete Quelle ist hinten im Literaturverzeichnis zu suchen! Werden bei diesem Durchgang die gefundenen Quellen vorläufig kursiv gesetzt, so sehe ich am Ende automatisch, welche Quellen hinten im Literaturverzeichnis stehen, obwohl sie bislang im Text nicht enthalten sind, und kann sie entweder noch einarbeiten oder löschen.
* Damit die Kurzformen der Quellenbelege im Text (siehe Abschnitt 4.5.1) eindeutig einer Literaturangabe zugeordnet werden können, müssen alle Angaben im Literaturverzeichnis durchgängig nach verschiedenen Kriterien strukturiert werden. Alle Literaturangaben müssen
  - *korrekt,*
  - *vollständig,*
  - *übersichtlich* angeordnet und
  - *einheitlich* dargestellt sein!
* Einheitlichkeit bezieht sich auch auf Kleinigkeiten!

4.3.1 Anordnung der Literaturangaben im Literaturverzeichnis

* Im Allgemeinen werden im Literaturverzeichnis folgende *Ordnungsprinzipien* verwendet.
  - Geordnet wird grundsätzlich *alphabetisch,*
  - meist nach dem Nachnamen der *Autor*in* bzw. bei mehreren Autor*innen nach dem*der ersten Autor*in;
  - nach dem Nachnamen der ersten *Herausgeber*in*, falls keine Autor*innen genannt oder vorhanden sind;
  - ggf. nach dem Namen der *herausgebenden Institution*, falls weder Autor*in noch persönliche*r Herausgeber*in vorhanden sind;
  - Schriften ohne Autor*in/Herausgeber*in/Institution werden unter dem Titel eingeordnet, wobei das erste Wort des Titels (ohne bestimmten oder unbestimmten Artikel) für die alphabetische Einordnung maßgeblich ist.
* Werden von einem*einer Autor*in/Herausgeber*in/Institution *mehrere Werke mit unterschiedlichem Erscheinungsdatum* aufgeführt, sollten diese nicht alphabetisch, sondern *chronologisch* angeordnet werden. Inzwischen werden in aller Regel *die jüngsten Veröffentlichungen zuerst* genannt. Auch hier ist Einheitlichkeit gefragt!
* Gibt es von einem*einer Autor*in/Herausgeber*in/Institution *mehrere Veröffentlichungen in einem Jahr*, wird zur Unterscheidung hinter die Jahreszahl ein Buchstabe angehängt (a, b, c, ...), der dann auch bei der Quellenangabe im Text (siehe Abschnitt 4.5) erscheinen muss.
* *Ausnahme:* Es gibt auch, vornehmlich in Zeitschriften bei Texten mit besonders vielen Literaturangaben, die Variante *nummerierter Literaturlisten*. Diese sind entweder alphabetisch oder in numerischer Reihenfolge der Zitation angeordnet, damit eine eindeutige Zuordnung von Kurzbeleg zu Eintrag im Literaturverzeichnis erfolgen kann. Diese Variante sollte nur verwendet werden, wenn dies ausdrücklich mit den Dozierenden abgesprochen ist!

4.3.2 Formen der Titelangabe

4.3.2.1 Grundform

* Die *Grundform der Titelangabe* hat folgende Teile: NAME, Vorname Erscheinungsjahr: Titel. Verlagsort.
* *Wichtig:* Die in dieser und den nachfolgenden Grundformen gewählte *Zeichensetzung* – auch in den Beispielen – gehört mit zur *Grundform*! *Also:* NAME – Komma – Vorname – Erscheinungsjahr – Doppelpunkt – Titel – Punkt – Verlagsort – Punkt.
* *Diese Grundform der Titelangabe ist die Basis für alle Ausdifferenzierungen und Beispiele in dieser Veröffentlichung!*

> *Beispiel:*
> SIEBEN, Sabrina 1977: Die sieben Dimensionen des Siebten Sinns. Siegburg.

* *Hinweis:* Immer häufiger wird mittlerweile auch der *Verlag* hinter dem Verlagsort angegeben. Achtung: Einheitlichkeit ist gefordert! Also den Verlag entweder immer angeben oder nie!

> *Beispiel:*
> SIEBEN, Sabrina 1977: Die sieben Dimensionen des Siebten Sinns. Siegburg: Vorländer.

* *Hinweis:* Die Grundform wird auch häufig *ohne Punkt* am Ende und/oder *mit Komma* nach dem Titel verwendet. Zudem wird die *Jahreszahl* häufig *in Klammern* gesetzt (vgl. BOHL 2018, S. 49). Auch hier: Bis in die Details hinein und korrekt arbeiten!

> *Beispiel:*
> SIEBEN, Sabrina (1977): Die sieben Dimensionen des Siebten Sinns, Siegburg: Vorländer

* *Hinweis:* In der vorhandenen Literatur wird häufig noch der *Vornamen auf den Anfangsbuchstaben reduziert.* Dieses Verfahren ist nach wie vor korrekt, wird aber nicht empfohlen.
* *Wichtig:* Grundsätzlich ist abzuklären, welche Form seitens der Hochschule, der Dozierenden oder des Verlages gewünscht wird. Im Kontext von Gender Mainstreaming und *Geschlechtergerechtigkeit* wird immer häufiger die *vollständige Angabe des Vornamens* eingefordert, da nur durch diese zusätzliche Angabe die Kategorie Geschlecht bei der Autor*innenschaft sichtbar wird. Zudem erschwert eine Abkürzung der Vornamen für Leser*innen die Recherche: Vornamen präzisieren. So gibt es z.B. mehr J. MEYER als JOHN MEYER. Aus beiden Gründen wird im Folgenden die oben beschriebene Grundform mit ausgeschriebenem Vornamen verwendet.
* *Wichtig!* Entscheidend ist unabhängig von der gewählten Grundform immer die *Einheitlichkeit der Angaben* – bis in die Details, die Satzzeichen, die Lücken usw.!
* *Hinweis:* Immer noch verwendet, aber nicht empfohlen wird auch die abgewandelte Grundform, in der das Erscheinungsjahr (fast) am Ende der Literaturangaben steht: NAME, Vorname: Titel. Verlagsort Erscheinungsjahr. *Also:* NAME – Komma – Vorname – Doppelpunkt – Titel – Punkt – Verlagsort (kein Punkt oder Komma!) – Erscheinungsjahr – Punkt.

> *Beispiel:*
> SIEBEN, Sabina: Die sieben Dimensionen des Siebten Sinns. Siegburg 1977.

* Meist kommt noch eine ganze *Reihe weiterer* (notwendiger oder informativer) *Angaben* hinzu.
* Zudem wird *unterschieden* in:
  - *selbstständig erschienene Literatur,* also alle in sich abgeschlossenen Veröffentlichungen mit eigenem Titelblatt; z.B. Monografien, Nachschlagewerke und Zeitschriften als Ganze und in

- *nicht selbständig erschienene Literatur* wie *Beiträge* aus Handbüchern, Lexika und Sammelbänden, Zeitschriftenaufsätze etc. oder Buchkapitel, die namentlich gekennzeichnet sind.
- Für beide Arten von Literatur wird im Folgenden nacheinander näher erläutert, wie sie jeweils im Literaturverzeichnis nachzuweisen sind.

4.3.2.2 Selbständig erschienene Literatur

* Die Form für *selbständig erschienene Literatur* sieht also erweitert – wenn zudem weitere Notwendigkeiten berücksichtigt werden – folgendermaßen aus: NAME – Komma – Vorname von Autor*in bzw. Herausgeber*in; bei letzterem/letzterer mit Zusatz Hrsg. in Klammer – Erscheinungsjahr – Doppelpunkt – Titel – Punkt (oder anderes Satzzeichen, wie es im Innentitel des Originals steht) – Untertitel – Punkt – (Reihentitel und -nummer in Klammer, durch ein Komma getrennt) – Punkt – Erscheinungsort – (Komma – vorliegende Auflage) – Punkt.
* Wichtig: Ab der zweiten und höheren Auflagen *Auflagenzahl angeben*, entweder
  - ausgeschrieben nach dem Erscheinungsort oder
  - beim Erscheinungsjahr hochgestellt und verkleinert.

Beispiel für eine Monografie:
MÜLLER, Lieschen W. 1992: Stallhasenhaltung. Zucht, Pflege, Ernährung. (Sinnvolle Freizeitbeschäftigungen, Bd. 2). Wiesenstadt, 3., vollständig überarbeitete Auflage.
Oder:
MÜLLER, Lieschen W. ^{3}1992: ...

Beispiel für einen Sammelband (als ganzen!):
MAIER, Friedericke W. (Hrsg.) 1992: Stallhasenhaltung. Zucht, Pflege, Ernährung. (Sinnlose Freizeitbeschäftigungen, Bd. 2). Wiesenstadt, 3., vollständig überarbeitete Auflage.
Oder:
MAIER, Friedericke W. (Hrsg.) ^{3}1992: ...

* *Hinweis:* Teilweise wird auch die Reihenfolge Auflage – Ort verwendet. Auch hier gilt: Entscheidend ist die Einheitlichkeit!

Beispiel:
... 3. Auflage, Wiesenstadt.

4.3.2.3 Weitere Hinweise zu selbstständig erschienener Literatur

* *Wichtig:* Alle folgenden Hinweise dienen nur der Abwandlung bzw. Ergänzung der üblichen Angaben.
* *Mehrere Verfasser*innen oder Herausgeber*innen* durch Schrägstrich trennen, *kein Abstand* vor und nach dem Schrägstrich.

> *Beispiel:*
> OTTO, Hans-Uwe/THIERSCH, Hans (Hrsg.) 2015: Handbuch Soziale Arbeit. München/Basel, 5. Auflage.

* *Mehrere Vornamen* durch Leerzeichen trennen, wenn sie abgekürzt werden (*Beispiel:* „WENDT, W. R.").
* Bei *Sammelbänden* entweder den Zusatz „(Hrsg.)" oder „(Hg.)" hinter den Namen der Herausgeber*innen, aber *einheitlich.*
* Generell gilt, dass die *Schreibweise eines Wortes im Literaturverzeichnis einheitlich* sein muss, z.B. überall ausgeschrieben „Auflage" oder überall abgekürzt „Aufl.".
* *Bis zu drei Autor*innen/Herausgeber*innen* werden im Literaturverzeichnis einzeln namentlich aufgeführt; *ab vier Personen* wird nur die erste namentlich genannt, dahinter folgt „u.a." (oder (nur noch selten verwendet): „et al.") (vgl. SESINK 2012, S. 167).
* Möglich ist es auch, *im Literaturverzeichnis alle Autor*innen* zu nennen. Diese Vorgehensweise hat den Vorzug, dass die Leser*innen weitere Autor*innen präsentiert bekommen, die oft ebenfalls Texte zum Thema veröffentlicht haben. Auch hier ist Einheitlichkeit gefragt! Die Frage, wie viele Autor*innen im Text genannt werden, wenn auf Quellen im Literaturverzeichnis verwiesen wird, ist davon unabhängig zu klären bzw. zu entscheiden – siehe Abschnitt 4.4!
* Bei Schriften ohne persönliche Autor*innen/Herausgeber*innen, die *von einer Institution herausgegeben* werden (z.B. einem Ministerium), tritt diese an die Stelle der Herausgeber*innen mit dem Zusatz: „(Hrsg.)".

> *Beispiel:*
> DEUTSCHE HEILPÄDAGOGISCHE GESELLSCHAFT E.V. (Hrsg.) 2008: Sozialraumorientierung in der Behindertenhilfe. Bonn.

* Treten *zusätzlich zu den Autor*innen Herausgeber*innen* auf, werden diese nach dem (Unter-)Titel genannt, ggf. mit den auf dem inneren Titelblatt in der Titelei aufgeführten Bemerkungen.

> *Beispiel:*
> ROTH, H.: Erziehungswissenschaft, Erziehungsfeld und Lehrerbildung. Gesammelte Abhandlungen 1957-1967, hrsg. von H. THIERSCH und H. TÜTKEN, Hannover 1967.

* Werden weder Autor*innen, noch persönliche Herausgeber*innen oder Institution genannt, tritt an deren Stelle der *Titel des Textes*; (zur alphabetischen Einordnung siehe Abschnitt 4.3.1).
* *Einzelne Beiträge aus Lexika oder Handbüchern* werden als nicht selbstständig erschienene Aufsätze unter dem Namen des Autors/der Autorin des Beitrags nachgewiesen (siehe Abschnitt 4.3.2.4). In diesem Fall werden im Literaturverzeichnis *nicht der ganze Sammelband oder das ganze Handbuch*, sondern nur die einzelnen zitierten Beiträge nachgewiesen.

* Bei *mehreren Erscheinungsorten* wird in der Regel nur der erste aufgeführt, dahinter folgt „u.a.“. Hier gibt es jedoch auch die Möglichkeit, wie bei Autor*innen und Herausgeber*innen, im Literaturverzeichnis drei Erscheinungsorte aufzuführen und erst ab dem vierten Ort „u.a.“ zu schreiben; aber einheitlich! Wenn drei Erscheinungsorte genannt werden, so werden diese durch Schrägstrich getrennt, wobei kein Abstand vor und nach dem Schrägstrich gemacht wird.

> *Beispiele:*
> OTTO, Hans-Uwe/THIERSCH, Hans (Hrsg.) 2015: Handbuch Soziale Arbeit. München u.a., 5. Auflage.
> *Oder:*
> OTTO, Hans-Uwe/THIERSCH, Hans (Hrsg.) 2015: Handbuch Soziale Arbeit. München/Basel, 5. Auflage.

* Die *Schreibweisen für Erscheinungsorte* sollten grundsätzlich *einheitlich* sein, also z.B. immer „Frankfurt/M.“ und nicht mal „Frankfurt a. M.“, mal „Frankfurt am Main“.
* Ist *kein Erscheinungsjahr* vermerkt, folgt auf den Vornamen bzw. auf (Hrsg.) „o. J.“ (ohne Jahr); *fehlt der Erscheinungsort*, heißt es entsprechend „o. O.“ (ohne Ort).

> *Beispiel:*
> FISCHERS, Fritz o. J.: Einführung in das Fischereiwesen. o. O., 3., erweiterte Auflage.

* Zusätzlich angegeben werden sollte, wenn die Auflage in einer *überarbeiteten oder erweiterten Form* vorliegt. Diese Angabe ist in der Titelei[16] eines Buches zu finden. Die Angaben außen auf dem Umschlag und innen in der Titelei differieren häufig, wobei die *Angaben in der Titelei* meist genauer und deswegen auch zu verwenden sind. Auch diese Angaben sollten im Literaturverzeichnis *einheitlich* sein (z.B. ob und wie ein Wort abgekürzt wird).

> *Beispiel:*
> FISCHERS, Fritz 1995: Einführung in das Fischereiwesen. Fischstadt, 3., erweiterte Auflage.
> *oder:*
> FISCHERS, Fritz 1995: Einführung in das Fischereiwesen. Fischstadt, 3., vollst. überarbeitete Auflage.

* Bei *Nachdrucken* ist, wenn dies bedeutsam ist, neben dem Jahr des Nachdrucks auch das Jahr der Originalausgabe (in eckigen Klammern dahinter) anzugeben, um eine zeitliche Einordnung der Erstveröffentlichung zu ermöglichen.
* Die *eckigen Klammern* ermöglichen es, auch im Kurzbeleg auf die Erstveröffentlichung aufmerksam zu machen und gleichzeitig einheitlich in Literaturverzeichnis und Kurzbeleg vorzugehen.

---

[16] Die *Titelei* meint alle Seiten mit den Titelangaben eines Druckwerkes, die vor dem Beginn des Textes stehen.

Beispiel Angabe im Literaturverzeichnis:
BUBER, Martin 1962 [1923]: Das dialogische Prinzip. Heidelberg.
Beispiel dazu gehöriger Kurzbeleg im Text:
(vgl. BUBER, Martin 1962 [1923])

* Bei *Übersetzungen* sollte aus dem gleichen Grund nach Möglichkeit das Jahr der Originalausgabe mit aufgenommen werden.
* Bei einem *mehrbändigen Werk* wird nach dem Titel/Untertitel die Anzahl der Bände (z.B. „7 Bde.") bzw. nur der verwendete Band ggf. mit seinem eigenen Titel (z.B. „Bd. 1: Grundlagen der Zierfischpflege.") angegeben.
* Bei einer *Dissertation (oder Habilitation)*, die *nicht* als Buch mit ISBN veröffentlicht ist, folgt den üblichen Angaben (Name, Titel): „Diss." oder „Habil.", „Hochschulort" „Jahr der Annahme".
* *Unveröffentlichte Materialien* (wie beispielsweise Konzeptionen aus Praxiseinrichtungen) und andere *graue Literatur* (wie beispielsweise Master- oder Bachelorthesen) erhalten nach allen vorhandenen Angaben den Zusatz: „(Unveröffentlichtes Manuskript)" oder „(MS.)".

Beispiel:
KOMMUNALVERBAND FÜR JUGEND UND SOZIALES BADEN-WÜRTTEMBERG (Hrsg.) 2008: Heime für junge Menschen mit geistigen und mehrfachen Behinderungen in Baden-Württemberg. Stuttgart (MS.).

* Gerade bei grauer Literatur muss ich *sicherstellen, dass die zitierte Quelle wissenschaftlichen Standards entspricht und damit zitationsfähig ist.* Dies ist bei Vorlesungsmanuskripten und Bachelor- oder Masterarbeiten in aller Regel nicht der Fall, was bedeutet, dass sie nicht zitationsfähig sind. Hier vorgefundene Informationen müssen recherchiert und überprüft werden. Sofern seriöse Quellen gefunden werden, können diese dann verwendet werden. Zu berücksichtigen ist auch, *wozu sie im Text eingesetzt werden:* Ein Praxisbeispiel kann unter bestimmten Umständen durchaus als solches zitiert werden, die Quelle dann ins Literaturverzeichnis aufgenommen werden. Nicht akzeptabel ist es in der Regel dagegen, wenn aus grauer Literatur Begriffsklärungen oder Darstellungen von Theorien entnommen werden.
* *Unvollständige Angaben aus einer benutzten Quelle* (z.B. Vornamen, Erscheinungsort oder -jahr), die aus anderer Quelle heraus *sicher* bekannt sind, dürfen *in (eckigen) Klammern ergänzt* werden. Achtung: Dies geht aber nur, wenn die Angaben *sicher* bekannt sind und an ihnen kein Zweifel besteht!

Beispiel:
FRISCH, F[reddy] [1975]: Frischwärts. o .O. [Kiel] o. J.

* Bei *fremdsprachigen Werken* wird die Schreibweise des Originaltitels übernommen. Das erste Wort des Titels wird immer großgeschrieben. *Beachte:* Im Englischen wird in der Regel jedes Wort außer Artikeln, Präpositionen und Konjunktionen großgeschrieben.
* *Akademische Titel* (wie z.B. Prof. oder Dr.) werden in wissenschaftlichen Arbeiten in der Regel nicht genannt. Hier kann es allerdings je nach Disziplin und Verlagen unterschiedliche Standards geben.

* *Adelstitel* werden in der Regel als Teil des Vornamens behandelt. Präfixe werden *je nach Nationalität unterschiedlich* behandelt (vgl. SESINK 2012, S. 167):
  - Deutsche Präfixe werden nur dann vorangestellt, sofern Präposition und Artikel zusammengezogen sind (z.B.: ZUR LIPPE, Rudolf). Ansonsten werden Präfixe dem Vornamen zugeordnet (z.B.: GOETHE, Johann Wolfgang von).
  - Englische Präfixe werden dem Nachnamen vorangestellt (z.B.: DELONG, Howard)
  - Für romanische Sprachen (französisch, spanisch, italienisch) gilt, dass „Artikel (le, la) oder Zusammenziehungen aus Präposition und Artikel (della, du) dem Namen vorangestellt (LA PENNA, ANTONIO; LE GRAND, ALBERT; DU ROSTU, JEAN)" werden, während ansonsten „Präpositionen (de, d') den Vornamen zugeordnet (LA FONTAINE, JEAN DE; DIEGUEZ, MANUEL DE)" werden (SESINK 2012, S. 167).

4.3.2.4 Nicht selbständig erschienene Literatur

* Unselbständig erschienene Literatur wird unterschieden in:
  - Beiträge aus Sammelbänden, Handbüchern, Lexika (o. ä.);
  - Zeitschriftenaufsätze (o. ä.).
* Schema für *Beiträge aus Sammelbänden, Handbüchern, Lexika (o. ä.)*: NAME – Komma – Vorname Verfasser*in – Erscheinungsjahr – Doppelpunkt – Titel des Beitrages – Punkt – Untertitel – Punkt – In (Achtung Großschreibung!) – Doppelpunkt – NAME – Komma – Vorname Herausgeber*in – (Hrsg. in Klammer) – Doppelpunkt – Titel des Sammelbandes – Punkt – Untertitel – Punkt – (Reihentitel und -nummer in Klammer, durch ein Komma getrennt) – Punkt – Erscheinungsort (– Komma – vorliegende Auflage) – Komma – Seitenangaben des Beitrages – Punkt.

> *Beispiel für einen Beitrag aus einem Sammelband:*
> HUBER, Hansi 1988: Der Bau eines Lenkdrachens. Eine Anleitung für Anfänger*innen. In: FLIEGWEIT, Floh (Hrsg.): Der Drachenbau. Theorie und Praxis eines beliebten Freizeitvergnügens. (Sinnvolle Freizeitbeschäftigungen, Bd. 1). Sturzbach, 5. Auflage, S. 7- 17.
> *Beispiel für einen Beitrag aus einem Lexikon oder einem Handbuch:*
> RAUSCHENBACH, Thomas 2007: Ehrenamtliche/freiwillige Tätigkeit im sozialen Bereich. In: DEUTSCHER VEREIN FÜR ÖFFENTLICHE UND PRIVATE FÜRSORGE (Hrsg.): Fachlexikon der Sozialen Arbeit. Frankfurt, 6., völlig überarbeitete und aktualisierte Auflage, S. 226-228.

* *Hinweis:* Auch hier gilt, dass inzwischen häufig hinter dem Erscheinungsort noch der Verlagsname genannt wird.
* *Hinweis:* Auch hier ist die Nennung der Jahreszahl erst nach dem Erscheinungsort (siehe Grundform) möglich.
* *Anmerkung*: Ab zweiter und höherer Auflage: siehe Abschnitt 4.3.2.2.
* Abweichend von dieser Grundform werden Beiträge in Gesetzeskommentaren wie folgt zitiert:

> *Beispiel:*
> SALGO, Ludwig 2000: §33 SGB VIII – Vollzeitpflege. In: FIESELER, Gerhard/SCHLEICHER, Hans/BUSCH, Manfred (Hrsg.): Kinder- und Jugendhilferecht - Gemeinschaftskommentar zum SGB VIII (GK-SGB VIII). Neuwied/Kriftel, Loseblattsammlung (Grundwerk 1998), Stand Juni 2000.

* *Bundestagsdrucksachen* werden mit dem Titel der Drucksache, Legislaturperiode, fortlaufender Drucksachennummer sowie nötigenfalls der Seitenzahl erfasst.

> *Beispiele:*
> DEUTSCHER BUNDESTAG 2010: Entwurf eines Achten Gesetzes zur Änderung des Bundes-Immissionsschutzgesetzes, BT-Drucksache 17/800.
>
> BUNDESMINISTERIUM FÜR JUGEND, FAMILIE, FRAUEN UND GESUNDHEIT (Hrsg.) 1990: Achter Jugendbericht. Bericht über Bestrebungen und Leistungen der Jugendhilfe. Bonn, BT-Drucksache 11/6576.

* Schema für *Zeitschriftenaufsätze*: NAME – Komma – Vorname Verfasser*in – Erscheinungsjahr – Doppelpunkt – Titel des Beitrages – Punkt – Untertitel – Punkt – In (Achtung Großschreibung!) – Doppelpunkt – Name der Zeitschrift – Komma – Jahrgangs- bzw. Bandzahl – Komma – eventuell die Heftnummer – Komma – Seitenangaben des Beitrages – Punkt.

> *Beispiel:*
> FLEIßIG, Vroni 1968: „... lieber ginge ich ins Freibad“. Eine Untersuchung zum Verhältnis von Hausaufgaben und Freizeit. In: Zeitschrift für Freizeitpädagogik, 1. Jg., H. 2, S. 7-9.

* Die *Nennung der Heftnummer* ist auf jeden Fall erforderlich, wenn die Seitenzahlen des ganzen Jahrgangs nicht durchgezählt werden und jedes Heft mit Seite 1 beginnt. Wird ein Jahrgang dagegen durchgehend paginiert, ist sie nicht zwingend erforderlich.
* Auch hier gilt *einheitliches Vorgehen*, sowohl für die Nennung der Heftnummer als auch für die Schreibweise (abgekürzt oder nicht).[17]
* Abweichend von der Grundform werden *Artikel aus der Presse* wie folgt zitiert: NAME – Komma – Vorname Verfasser*in – Erscheinungsjahr – Doppelpunkt – Titel – Punkt – In (großgeschrieben!) – Doppelpunkt – Name der Zeitung, evtl. mit Angabe der Ausgabe – Nummer der Zeitung – Datum – Komma – Seitenzahl – Punkt
* *Achtung: Journalistische Texte*, auch aus renommierten Zeitungen wie der „Zeit“, sind keine wissenschaftlichen Texte und deswegen in aller Regel *in Qualifikationsarbeiten nicht zitationsfähig!* Hier gibt es aber *Ausnahmen:* Je nach Aufgabenstellung und Intention können diese dennoch geeignet sein, bestimmte Argumente zu belegen. Im Zweifelsfall bitte die Lehrenden fragen, welche Quellen verwendet werden dürfen!

---

[17] Sehr zu empfehlen besonders zu *spezielleren Fragen* (z.B. fremdsprachige Namen und Werke, Nachschlagewerke, Nachdrucke) ist SESINK (vgl. 2012, S. 163-184).

Beispiel:
SPIEWAK, Martin 2010: Lerne Deutsch oder leide. In: Die Zeit Nr. 21 vom 20. Mai 2010, S. 37-38.

4.3.3 Online-Literatur und Fundstellen im Internet

* *Achtung:* Die *Links* in dieser Veröffentlichung sind als Beispiele zu verstehen und deswegen *nicht immer funktionsfähig!*

* *Sehr wichtig:* Grundsätzlich ist auf die *Seriosität der in einer Arbeit verwendeten Quellen* und die *Ausgewogenheit des Quellenmaterials* zu achten! Wenn Sie in einer wissenschaftlichen Arbeit (Internet-)Quellen verwenden, haben Sie als Autor*in die Verantwortung für die Güte der Quellen! Quellen, bei denen nicht erkennbar ist, von wem die Angaben stammen (z.B. bei Wikipedia) werden in aller Regel in Qualifikationsarbeiten nicht akzeptiert und gelten als nicht zitationsfähig. Im Zweifelsfall empfiehlt es sich, Rücksprache mit den Lehrenden zu halten.

* Das *allgemeine Schema* für Online-Quellen ist die gewohnte Zitierweise (wie bei Monografien oder Zeitschriftenaufsätzen).

* Zusätzlich werden überall, wo sie vorhanden sind, die „Persistent Identifiers" oder „Persistente Identifikationen (PIs)" angegeben, die als *permanente Internetadressen* die Nachvollziehbarkeit gewährleisten (PREXL 2019, S. 134): „Derzeit existieren vier PI-Systeme parallel, nämlich das *Handle-System*, der *Digital Object Identifier* (DOI), *Persistent Uniform Resource Locators* (PURL) und *Uniform Resource Names*, kurz URNS" (PREXL 2019, S. 134; Hervorhebungen im Original).

Beispiel:
BOOTH, Susanna 2021: Mehr Männer in soziale Berufe? Genderkonstruktionen im Diskurs der kirchlichen Wohlfahrtsverbände. In: Soziale Passagen. 0. Jg. 0, H. 0, o. S. https://doi.org/10.1007/s12592-021-00374-5.

* Zu entscheiden ist, ob *lediglich die DOI oder auch ein Link* angegeben werden soll sowie ob die *Links mit oder ohne Unterstreichung* aufgeführt werden. Auch hier ist Einheitlichkeit gefragt!

* Sofern *keine permanente Internetadresse* vorhanden ist, werden die Internetadresse (URL) und das Datum des Zugriffs angegeben oder die Quelle wie graue Literatur behandelt, z.B. als pdf abgespeichert und in den Anhang aufgenommen, um die Transparenz zu sichern. Dies bietet sich bei digitalen Prüfungsleistungen an, während dies in der Papierform schnell zu unpraktikabel umfangreichen Anhängen führen kann.

* Die *Uhrzeit* ist nicht anzugeben. Diese Information ist nur notwendig, wenn die Zeitangabe relevant ist, so wie beispielsweise bei Nachrichten.

* Auch *Fundstellen im Internet* werden grundsätzlich alphabetisch eingeordnet.

* Bei sehr langen Links kann es sinnvoll sein einen *Zeilenumbruch* einzufügen (vgl. Prexl 2019, S. 145). Vorsicht bei automatischer Silbentrennung, denn

Trennstriche machen einen Link unbrauchbar. Alle Links sollten bei der Korrektur überprüft werden.

* Es kann *unterschieden werden zwischen:*
  - (1) Texten (mit Autor*in und Titel), z.B. vollständigen Aufsätzen, die nicht in einem Sammelband, sondern auf einer Internetseite zu finden sind;
  - (2) Seiten, auf denen keine eigenständigen Aufsätze mit Autor*in und Titel zu finden sind;
  - (3) Zeitschriftenaufsätzen aus Online-Zeitschriften und
  - (4) E-Books oder Kapitel aus E-Books, die z.B. in Bibliotheken zum Download verfügbar sind.
* Die vier Typen von Fundstellen werden im Folgenden näher erläutert.

4.3.3.1 Texte von einer Internetseite

* Texte (mit Autor*in und Titel), die nicht in einem Sammelband, sondern auf einer Internetseite zu finden sind werden im Literaturverzeichnis folgendermaßen nachgewiesen:

> *Beispiel:*
> KRAUS, Björn 2004: Lebenswelt und Lebensweltorientierung – eine begriffliche Revision als Angebot an eine systemisch-konstruktivistische Sozialarbeitswissenschaft. https://www.pedocs.de/volltexte/2016/12387/pdf/Kontext_2006_2_Kraus_Lebenswelt.pdf 24.7.2021.
> *Beispiel, bei dem statt einer Autor*in eine Herausgeber*in zu nennen ist:*
> INTERNATIONAL FEDERATION OF SOCIAL WORKERS 2000: Definition of Social Work. https://www.ifsw.org/what-is-social-work/global-definition-of-social-work/ 23.7.2021.
> *Beispiel für eine Dokumentation:*
> KOMMUNALVERBAND FÜR JUGEND UND SOZIALES, DEZERNAT JUGEND –LANDESJUGENDAMT (2008): Leistungen der Eingliederungshilfe nach dem SGB XII und dem SGB IX 2019. Planungs- und Steuerungsunterstützung für die Stadt- und Landkreise in Baden-Württemberg.
> https://www.kvjs.de/der-kvjs/service/publikationen-videos/detailansicht/27662, 24.7.2021

*4.3.3.2 Seiten ohne eigenständige Aufsätze mit Autor*in und Titel*

* Manchmal sind Autor*in und Titel nicht auf den ersten Blick zu erkennen und müssen dann sorgfältig ermittelt werden. Wenn keine Autor*innen zu erkennen sind, muss ich mich zunächst fragen, wer denn für die Qualität dieser Information verantwortlich sein soll? *Ist diese Quelle zitierwürdig?*
* Wird dies bejaht, kann dann ersatzweise die *Herausgeber*in der Webseite* angegeben werden (siehe Impressum).
* Der Stand der Information ist manchmal aus dem Text zu ermitteln (siehe oben die Beispielangabe der INTERNATIONAL FEDERATION OF SOCIAL WORKERS) oder auf manchen Webseiten am unteren Rand angegeben: „Zuletzt verändert am...“.

* Ist der Informationsstand nicht zu ermitteln, sollte o. J. angegeben werden. Ein Titel jedoch, d. h. eine Überschrift des verwendeten Textes, sollte sich zu jeder Webseite finden lassen. Nötigenfalls ist sowohl der „Zugriff" als auch die „Fassung von" aufzuführen – beide Zeitangaben sollten so benannt werden, dass sie klar voneinander zu unterscheiden sind.

> *Beispiel:*
> DEUTSCHE GESELLSCHAFT FÜR SOZIALE ARBEIT o. J.: Deutsche Gesellschaft für Soziale Arbeit – Forum für Wissenschaft und Praxis. http://www.dgsainfo.de, 11.7.2010.
>
> *Beispiel 1 mit der Jahresangabe am Ende:*
> INTERNATIONAL FEDERATION OF SOCIAL WORKERS 2014: Global Definition of Social Work. https://www.ifsw.org/what-is-social-work/global-definition-of-social-work/, Fassung von 2014, 24.7.2021.
>
> *Beispiel 2 mit der Jahresangabe am Ende:*
> DEUTSCHER BERUFSVERBAND FÜR SOZIALE ARBEIT 2010: Saarbrücker Erklärung: Beschluss der Bundesmitgliederversammlung, 24.4.2010, https://www.dbsh.de/sozialpolitik/sozialpolitische-veroeffentlichungen/saarbruecker-erklaerung.html, 24.7.2021.

4.3.3.3 Zeitschriftenaufsätze aus Online-Zeitschriften:

* Hier ist zu unterscheiden, ob es neben der Online-Quelle auch eine Print-Version gibt. Wenn *sowohl eine gedruckte Version als auch eine Online-Quelle* existieren, sollten beide aufgeführt werden, um das Auffinden des Textes zu erleichtern.
* *Reine Online-Zeitschriften* unterscheiden sich in der Frage der *Seitenzahlen:*
  - Manche geben Hefte heraus, die genau wie Print-Versionen durchnummeriert sind, hier wird analog wie bei Print-Versionen zitiert.
  - Eine zweite Variante besteht darin, jeden Beitrag beginnend mit der Seitenzahl „1" oder gar nicht zu nummerieren. Hier empfiehlt sich, diese Seitenzahlen ebenfalls anzugeben, da Sie sich beim Zitieren im Kurzbeleg auch auf diese Seitenzahlen beziehen (sollten).
  - Die dritte Variante wird häufig gebraucht, wenn Beiträge in html formatiert werden. Diese verfügen dann über keine Seitenangaben, aber ggf. erhalten die einzelnen Beiträge Artikelnummern. Teilweise werden zudem Paragraphnummern in eckigen Klammern in den Text eingefügt, um ihn zu unterteilen und besser zitierbar zu machen. In solchen Fällen scheint es zweckdienlich, im Literaturverzeichnis keine Seitenzahlen anzugeben, aber im Beleg im Text anstelle der Seitenangabe die Paragraphnummer zu verwenden. Klären Sie dies im Zweifelsfall mit Ihren Dozent*innen.

> *Beispiel für einen Text, zu dem sowohl eine gedruckte Version als auch eine Online-Quelle existieren:*
> LUHMANN, Niklas 1995: Kausalität im Süden. In: Soziale Systeme 1. Jg., H. 1, S. 7- 28, https://www.soziale-systeme.ch/leseproben/luhmann.htm, 25.7.2011.
>
> *Beispiel für eine Online-Quelle ohne Print-Version mit durchgängiger Seitennummerierung:*

> BRÜCKNER, Margrit 2008: Women in Prostitution and Social Responsibility. In: Social Work & Society, 6. Jg., H. 2, S. 315-323, http://www.socwork.net/2008/2/articles/brueckner, 10.7.2010.
>
> *Beispiel für eine Online-Quelle ohne Print-Version mit Artikelnummern statt durchgängiger Seitennummerierung:*
>
> SCHIECK, Daniela 2017: Armutsgenerationen: das familiengeschichtliche Gespräch als methodologischer Zugang zur Transmission von Armut. In: Forum Qualitative Sozialforschung, 18. Jg., Art. 3, https://www.qualitative-research.net/index.php/fqs/article/view/2752/4128, 23.7.2021.

* Heutzutage *veröffentlichen fast alle Fachzeitschriften neben der Druckversion die Beiträge auch online*. Dabei werden international Beiträge von Zeitschriften mit einem *peer-review*-Verfahren zunehmend bereits direkt im Anschluss an ihre Akzeptanz durch die Herausgeber*innen der Zeitschrift online veröffentlicht, während die *Druckversion teilweise deutlich später* (bis zu zwei Jahren!) erscheint. Diese elektronischen Vorabveröffentlichungen erhalten in der Regel Jahrgangs- und Heftnummer sowie Seitenzahlen erst mit der Druckversion. Hier ist folgende Zitierweise sinnvoll:

> *Beispiel:*
>
> HANSEN, Heiner 2019: How to cite online-first publications. In: Science Today, 0. Jg., H. 0, S. e1-e23. DOI: 10.4333/78343984394.

* *Erläuterung:* Die fehlenden Angaben zu Jahrgang und Heft werden also durch eine Null gekennzeichnet. Das vorgestellte „e" signalisiert, dass es sich um die Seitenzahlen der *vorab* veröffentlichten Online-Ausgabe handelt (die immer mit 1 beginnen) und dass sich die Seitenzahlen der Druckversion sowie der in der Regel dann *aktualisierten* Online-Version (z.B. laufende Seitenzahlen dann S. 34-57) unterscheiden!
* Bei benoteten Arbeiten ist es zur Absicherung zu empfehlen, dass Sie sich einen *Ausdruck bzw. eine digitale Dokumentation* anfertigen, der/die das Datum und die Webadresse enthält, damit Sie ggf. den *Nachweis* antreten können, dass die verwendete Information so vorhanden ist, bzw. war.

4.3.3.4 E-Books oder Kapitel aus E-Books

* Es ist zwischen *drei Arten von E-Books* zu unterscheiden:
  – Sie können *parallel zu einer Druckversion* erscheinen und sind dann in der Regel identisch mit dieser.
  – Zweitens gibt es Veröffentlichungen, die *lediglich als E-Books* erscheinen und von denen keine entsprechende Druckversion vorliegt.
  – Drittens gibt es als Unterform der zweiten Variante *E-Books, die laufend aktualisiert werden* (z.B. Handbücher, in denen dann nicht wie bei Druckversionen eine aktualisierte Neuauflage erscheint, sondern die einzelnen Einträge individuell dann aktualisiert werden, wenn dies sinnvoll erscheint.
* Wird ein *Werk als E-Book* verwendet, sollte dies auch durch die Angabe des PI bzw. der sonstigen Internetadresse mit Angabe des Datums kenntlich gemacht werden. Wird hingegen die *Druckversion* verwendet, stellt die zusätzli-

che Angabe der Internetadresse der E-Books insofern ein Risiko dar, als *nicht immer ersichtlich ist, ob Druckversion und E-Books tatsächlich identisch* sind. Vor allem bei Literaturverwaltungssoftware wie z.B. Citavi ist hier *Vorsicht* geboten: Die von der Software vorgeschlagenen Internetangaben beziehen sich nicht automatisch auf die Ihnen vorliegende Textversion!

* Auch bei E-Books sind unbedingt, sofern vorhanden, die *üblichen Angaben* für ein Buch anzugeben, also Erscheinungsort und Verlag. Bei E-Books, für die kein Erscheinungsort angegeben ist, reicht die Angabe des Verlags. Der Deutlichkeit halber kann hier zusätzlich auch „o.O." eingefügt werden.
* Bei laufend aktualisierten E-Books ist die Angabe des *Zugriffsdatums* unerlässlich.
* Insgesamt entwickeln sich die *Veröffentlichungspraxen im digitalen Bereich* so schnell weiter, dass die hier dargelegten Regeln und Vorschläge relativ schnell veralten können. Daher im Zweifelsfall bei Dozent*innen nachfragen.

4.4 Die Verarbeitung der Quellen im Text

Für das wissenschaftliche Arbeiten ist die *Nachprüfbarkeit* und Transparenz wichtig. Damit dies möglich wird, ist es notwendig Hinweise zu geben, die es den Leser*innen ermöglichen nachzuprüfen, ob die gemachten Aussagen haltbar und wie sie begründet sind. Dementsprechend wird von „Belegen" oder den „Quellenangaben" gesprochen.

Quellenangabe meint dabei mehr als das reine Zitieren. Darunter fällt die Angabe über die Herkunft all der Gedanken, die über reines Allgemeinwissen hinausgehen (siehe Abschnitt 4.2). *Aber:* Zitate (insbesondere direkte) sind kein Ersatz für eine eigene wissenschaftliche Argumentation. Deshalb sollte mit ihnen zurückhaltend umgegangen werden.

FRANCK formuliert dies treffend: „Zitate und Verweise verfehlen ihren Sinn, wenn sie beweisen sollen, dass man viel gelesen hat. Zitat-Huberei ist kein Indiz für Wissenschaftlichkeit. Vielmehr ist ständiges Zitieren ein Hindernis – für die Entwicklung eigener Gedanken, beim Verfolgen eines eigenen Ziels bzw. einer eigenen Fragestellung" (2019, S. 284).

4.4.1 Zentrale Merkpunkte zu Zitaten aller Art

* *Überprüfen* Sie die *Qualität und Seriosität einer Quelle*, von Autor*innen und Herausgeber*innen, unbedingt, bevor Sie sie zitieren, besonders bei Internetquellen oder wenn es weder eine qualifizierte Autor*in noch eine seriöse Herausgeber*in gibt. Vorlesungsskripte oder Internetquellen wie „Wikipedia" werden in aller Regel nicht als zitierfähig angesehen (siehe auch Abschnitt 4.3.3).[18]

[18] Hinweise zur Prüfung der Glaubwürdigkeit einer Internetquelle gibt BOHL (vgl. 2018, S. 56f.).

* Zitiert wird *fremdes Ideengut*, nicht zitiert wird *Allgemeinwissen*. Was Allgemeinwissen ist, ist relativ, wie bei der Durchsicht von Fachliteratur aus verschiedenen wissenschaftlichen „Schulen" leicht nachvollzogen werden kann. Im Zweifelsfall gerade in Qualifikationsarbeiten lieber einen *Nachweis* für genutzte Zitate zu viel einfügen (siehe Abschnitt 4.2) als einen zu wenig!
* *Niemals Zitate* verwenden, die Sie *nicht im Original gesehen* haben, sei es als Kopie oder direkt im Buch bzw. in der Zeitschrift. Das Übernehmen von direkten oder indirekten Zitaten aus anderen Quellen, ohne dies kenntlich zu machen, ist *Betrug (Plagiat)*, der in aller Regel zum *Nichtbestehen* der Prüfungsleistung führt!
* Jedes Zitat muss mit einem *Quellenbeleg belegt* werden, der dem Zitat unmittelbar folgt (siehe Abschnitt 4.5).
* Sorgfältig *unterscheiden* zwischen *wörtlichen (direkten)* und *sinngemäßen (indirekten) Zitaten.* Wörtliche Zitate, die als solche auszuweisen sind, sind *alle Formulierungen, die über drei hintereinanderstehende Worte hinausgehen* und *alle einprägsamen Formulierungen*, die eine fremde Autor*in gefunden hat. Achtung – Täuschungsgefahr!
* *Achtung:* Bitte *versuchen Sie nicht, Synonyme zu verwenden*, da Begriffe oft in einer bestimmten Denktradition stehen oder eine spezifische theoretische Rahmung haben, die mit den Bezügen eines synonym verwendeten Begriffes oft nicht übereinstimmen. So meinen beispielsweise ‚Adressat*innen' und ‚Klient*innen' möglicherweise die gleichen Personen – die Begriffe haben aber unterschiedliche theoretische Bezüge und können insofern nicht einfach gleichgesetzt werden.
* *Zitate* sollten möglichst *immer dem Originalwerk entstammen* und nicht aus einem anderen Werk wiedergegeben werden (Gefahr der Fehlerverbreitung).
* Wenn das Original nicht zu besorgen ist und auf ein solches direktes *Zitat aus zweiter Hand (Sekundärzitat)* nicht verzichtet werden kann, muss auf diesen Umstand hingewiesen werden durch die Verwendung der Formulierungen „zitiert nach", „zitiert in", „zit. n." oder nur „in" bzw. „nach" (auf Einheitlichkeit achten!).

Beispiele:
„Zitat ..." (MATTHÄUS 1976 nach BIERHOFF 1990, S. 74).
„Zitat ..." (HUBER 1897, zitiert in MÜLLER 1983, S. 23).
„Zitat ..." (MATTHÄUS 1976 in BIERHOFF 1990, S. 74).

* Solche *Sekundärzitate* sind aber *nur in Ausnahmefällen zulässig*, wenn das Buch oder der Zeitschriftenbeitrag nicht mit *vertretbarem Aufwand* zu beschaffen ist. Eine Bestellung per Fernleihe ist in der Regel ein vertretbarer Aufwand! *Je weniger Sekundärzitate, desto besser!* Es ist auch ein Gütemerkmal von wissenschaftlichem Arbeiten, sich die Mühe zu machen, eine Textpassage, die ich gerne zitieren würde, im Original zu beschaffen.
* *Hinweis:* Im Literaturverzeichnis wird – auch bei Sekundärzitaten – immer die Quelle nachgewiesen, die Ihnen selbst tatsächlich vorgelegen hat oder vorliegt.

In den oben genannten Beispielen werden also BIERHOFF 1990 und/oder MÜLLER 1983 in das Literaturverzeichnis aufgenommen, *nicht* etwa MATHÄUS und/oder HUBER!

* Wird über einen *längeren Absatz* hinweg *der*die gleiche Autor*in zitiert*, ist es trotzdem sinnvoll *mehrere Kurzbelege* einzufügen. Auch wenn dann kurz hintereinander mehrere Kurzbelege mit dem*der gleichen Autor*in auftauchen, kann der*die Leser*in eindeutig zuordnen und nachvollziehen, was zitiert wird und was von dem*der Autor*in selbst geschrieben ist. Innerhalb eines Satzes genügt jedoch, sofern die gleiche Autor*in zitiert wird, in aller Regel ein Kurzbeleg am Ende des Satzes.
* Zu beachten ist, dass *fehlende Nachweise* von Quellen als *Täuschung* gewertet werden können, während eine zu starke Häufung der gleichen Quellen hintereinander (möglicherweise) die Qualität mindert, aber nicht als Täuschung zu verstehen ist.
* Nicht nur bei *direkten*, sondern auch bei *indirekten Zitaten* muss klar sein, auf welche Sätze in der eigenen Arbeit sich eine Quellenangabe bezieht. *Sammelbelege* (Quellenangabe durch eine Fußnote an der Überschrift oder am Ende des Absatzes mit „Vergleiche hierzu insgesamt...") sind in Qualifikationsarbeiten in der Regel *nicht zulässig*. *Ausnahmen* können in größeren Arbeiten gemacht werden bei der Darstellung beispielsweise geschichtlicher oder biographischer Entwicklungen. Hier kann in ausgesuchten Kapiteln vorwiegend aus einer Quelle zusammengefasst werden, was dann am Anfang und/oder am Ende des Textes mit einem Sammelverweis deutlich gemacht werden kann. Dieses Thema wird von Hochschule zu Hochschule, teils auch von Betreuer*in zu Betreuer*in unterschiedlich gehandhabt. Bitte informieren sie sich im Zweifelsfall, welcher Standard jeweils gilt.

4.4.2 Wörtliche, direkte Zitate

* *Wortgetreue Zitate nur für Kernaussagen* und möglichst sparsam verwenden. Dabei die Zitate nicht aus ihrem Zusammenhang reißen.
* Ein wörtliches Zitat *muss bis ins kleinste Detail exakt übernommen werden* (z.B. Schreibweise, Hervorhebungen, bis hin zu Druckfehlern). Um *auf eine Besonderheit aufmerksam zu machen* bzw. um zu verdeutlichen, dass die Quelle tatsächlich so lautet (z.B. bei offensichtlichen Fehlern), können die folgenden Hinweise in Klammer ins Zitat eingebracht werden: „[!]" oder „[sic!]".
* Eine *Umwandlung von Zitaten in „neue" Rechtschreibung* ist nicht vorzunehmen, eine *gesonderte Kennzeichnung „alter" Rechtschreibung* erfolgt ebenfalls nicht.
* Zitate werden *„in Anführungszeichen"* gesetzt. Dagegen erhalten ein *Zitat im Zitat* oder *sonstige Hervorhebungen ‚halbe Anführungszeichen'*.

* Längere direkte Zitate (im Allgemeinen ab 3 Zeilen) *können eingerückt* werden. Dies ist eine Möglichkeit! Hier mit der Betreuung Rücksprache gehalten werden, ob Einrückungen gewünscht werden.[19]
* Notwendige *Veränderungen eines Zitates* müssen eindeutig kenntlich gemacht werden:
  - *Auslassungen* von Wörtern und ganzen Sätzen werden mit 3 Punkten in eckigen Klammern „[...]" gekennzeichnet.
  - *Sprachliche Anpassungen* (Einschübe von Buchstaben oder Wörtern) werden nötig, wenn ein Zitat in einen selbst formulierten Satz eingegliedert werden soll. Sie werden, wie alle Einfügungen, die von den Verfasser*innen der wissenschaftlichen Arbeit nachträglich vorgenommen werden, in eckige Klammern gesetzt: „Zitat ... [Einfügung] ... Fortsetzung Zitat".
  - Eckige Klammern werden hier gewählt, damit Ihre Auslassungen bzw. Einfügungen eindeutig von bereits im Originaltext vorhandenen Auslassungen bzw. Einfügungen in runden Klammern zu unterscheiden sind (so auch BOHL 2018, S. 48).
  - *Eigene Hervorhebungen* (Unterstreichungen, Kursivschrift) werden im Anschluss an das Zitat, nach dem Quellenbeleg in der Klammer mit den eigenen Initialen kenntlich gemacht: „(MÜLLER 1986, S. 17; Hervorhebung K.G.)."
  - *Hervorhebungen im Original* sind als Hervorhebungen zu übernehmen, jedoch *nicht die Form der Hervorhebung*. Wenn beispielsweise im Original die Hervorhebung Fettdruck verwendet wird, ich in meiner wissenschaftlichen Arbeit aber mit Kursivsetzungen arbeite, kann ich problemlos den Fettdruck im Original in Kursivsetzung in meinem Text übertragen (vgl. SESINK 2012, S. 242).
  - Hinter eigenen erklärenden *Anmerkungen oder Kommentaren* im Zitat stehen (in eckiger Klammer, nach einem Komma oder Strichpunkt) die eigenen Initialen.

> *Beispiel:*
> „Zitat ... [gemeint ist ihre Tochter; K.G.] ..."

4.4.3 Sinngemäße Wiedergabe (indirekte Zitate, Paraphrasen)

* Bei der indirekten Zitation wird der *Text sinngemäß übernommen*, aber *in eigenen Worten* wiedergegeben.
* Wichtig: Es ist strikt *zu unterscheiden zwischen indirekten Zitaten* (sinngemäße Wiedergabe oder Paraphrase eines Textausschnitts, der mir vorliegt) *und Sekundärzitaten*, die als ‚Zitate aus zweiter Hand' einen Passus direkt wiedergeben, der mir nicht vorliegt (siehe auch Abschnitt 4.4.1.).
* Indirekte Zitate werden *nicht in Anführungszeichen* gesetzt. Aber auch sie müssen mit Quellenangaben belegt werden, wobei hier *vor dem Quellenbeleg grundsätzlich der Hinweis „vgl."* (vergleiche) steht; z.B.: „(vgl. MÜLLER 1972,

[19] ROST empfiehlt Einrückungen bei einem Umfang von mehr als 40 Worten (vgl. 2018, S. 267).

S. 7)“. Die Nutzung von „vgl.“ macht deutlich, dass sich in der sinngemäßen Wiedergabe oft bereits eigene Schwerpunktsetzungen zeigen, sodass der*die Leser*in tatsächlich mein Textverständnis/meine Wiedergabe mit dem Original vergleichen müsste.

* Dies gilt nach BOHL allgemein für den *Zitationsstil ‚Erziehungswissenschaft‘*, der auch in der Sozialen Arbeit überwiegend Anwendung findet: „Wird eine Quelle zusammengefasst und nicht wörtlich wiedergegeben, dann dient die Abkürzung ‚vgl.‘ als Beleg dieses indirekten Zitats“ (2018, S. 45; identisch sehen dies ROST 2018, S. 268; KOTTHAUS 2014, S. 137; SESINK 2012, S. 238). Auch wenn manche Verlage und Zitationsstile *auf die Kennzeichnung sinngemäßer Zitate durch den Hinweis „vgl.“ verzichten*, propagiert diese Veröffentlichung dennoch die beschriebene Vorgehensweise mit dem Hinweis „vgl.“. Im Zweifelsfall sollte mit den Lehrenden Rücksprache gehalten werden.
* Bei der *Verwendung der Abkürzungen für Kurzhinweise* ist auf *Einheitlichkeit* zu achten. So wird im vorliegenden Text für den Nachweis von Quellen und für Verweise auf weiterführende Literatur immer *„vgl.“* benutzt, während Querverweise auf andere Abschnitte mit *„siehe“* gekennzeichnet werden.
* Es ist erwünscht, die Bezugnahme auf andere Autor*innen auch durch die Satzformulierungen auszudrücken. (Beispiele hierfür und Konsequenzen für den Quellenbeleg: siehe Abschnitt 4.5).
* Bei der *Nachverfolgung sinngemäßer Wiedergaben und Verweise von in einem Text genutzter Quellen* ist *Augenmaß* gefragt. Wissenschaftliche Literatur ist dadurch geprägt, dass sie die eigenen Aussagen durch Verweise und Bezüge auf andere Quellen absichert. Versuche ich bei der Verwendung von Passagen eines Beitrags oder einer Monografie – sagen wir mal fiktiv von MAIER – alle Quellen zu recherchieren, die MAIER für seine Argumentation genutzt hat, komme ich vom Hundertsten ins Tausendste und werde nie fertig mit meinem Text. Es gibt aber auch viele gute Gründe ausgesuchte Quellen nachzuverfolgen. Verwendet MAIER beispielsweise über mehrere Seiten immer die gleiche Quelle, scheint diese besonders wichtig zu sein – und dann sollte ich auch Aufwand treiben (ggf. Fernleihe!), um diese von ihm viel genutzte Quelle im Original zu besorgen und mir ein eigenes Bild zu machen, ob MAIER diese Quelle korrekt wiedergegeben hat oder vielleicht auch nicht oder nur teilweise.

4.4.4 Verwendung von Tabellen oder Grafiken

* Jede Tabelle oder Grafik benötigt einen *Titel* und wird mit entweder „Tabelle ...“ oder „Grafik ...“ und einer fortlaufenden Nummer bezeichnet. Diese Angaben stehen in der Regel unter der Tabelle oder Grafik.
* Ist die Tabelle oder Grafik aus eigenen Daten erstellt, wird sie grundsätzlich gekennzeichnet mit „eigene Darstellung“.
* Wird nicht aus eigenen Daten entwickelt, sondern aus einer Quelle entnommen, dann ist es ein *Zitat* (oder ggf. sogar ein Sekundärzitat). Dementsprechend muss dann der Kurzbeleg in der Bezeichnung erfolgen.

* Wurde die Tabelle oder Grafik *aufgrund fremder* Daten selbst grafisch entworfen, wird darauf mit dem Zusatz „(eigene Darstellung in Anlehnung an...) hingewiesen.

> *Beispiele:*
> Grafik 2: Faktorenmodell der Suchtentstehung (eigene Darstellung)
> Grafik 2: Faktorenmodell der Suchtentstehung (FEUERLEIN 2007, S. 15)
> Grafik 2: Faktorenmodell der Suchtentstehung (eigene Darstellung in Anlehnung an FEUERLEIN 2007, S. 15)

* Eine Tabelle oder Grafik *erklärt sich nicht von selbst.* Auf sie muss im Fließtext hingewiesen werden und ihre Bedeutung muss erläutert werden. Alle Elemente und Abkürzungen sowie eventuell bestimmte Details sollten erklärt werden.
* Insofern sollten Sie sich überlegen, *welche Funktion* diese Tabelle oder Grafik in Ihrer Argumentation hat und diese ggf. benennen. Zudem sollten Sie prüfen, inwieweit sie eine Duplizierung des Textes darstellt oder Überflüssiges enthält.
* Die Größe sollte so gewählt sein, dass sie einerseits *lesbar* ist, andererseits nicht mehr Platz beansprucht als nötig.
* Haben Sie sehr viele Tabellen oder Grafiken in Ihrer Arbeit, sollten Sie mit Ihrer Betreuung abstimmen, ob ein *Verzeichnis* derselben gewünscht ist.

4.5 Das Belegen der Quellen

* Jedes Mal, wenn im Text auf eine Quelle zurückgegriffen wird (durch ein wörtliches oder ein sinngemäßes Zitat), muss das durch einen (dem Literaturverzeichnis entsprechenden) *Quellenbeleg mit Seitenangaben* belegt werden.
* Dieser Quellenbeleg steht *grundsätzlich im Anschluss daran, worauf er sich bezieht*:
  - bei *direkten Zitaten* im Anschluss an das Zitat;
  - bei *indirekten Zitaten* im Anschluss an das Wort, den Satzteil oder den Gedankengang, auf das/den er Bezug nimmt.
* *Sammelverweise* bzw. -belege, die am Anfang oder Ende eines Abschnitts oder sogar längerer Ausführungen stehen, sind in Veröffentlichungen zwar häufig zu finden, werden in Qualifikationsarbeiten aber in aller Regel nicht akzeptiert. Hier ist größte Vorsicht angezeigt (siehe Abschnitt 4.5.1)!
* Das *Belegen indirekter Zitate* ist eine Gratwanderung. Der Verpflichtung, jeden Gedanken zu belegen, steht entgegen, dass eine Arbeit schnell unlesbar werden kann. Daher ist es wichtig, hier das *richtige Maß* herauszufinden (vgl. hierzu SESINK 2012, S. 229-238; BOHL 2018, S. 45-47). *In jedem Fall muss* insbesondere in Qualifikationsarbeiten *Anfang und Ende auch eines indirekten Zitats immer erkennbar sein!*
* Möglich (und erwünscht) ist es, die *Bezugnahme auf andere Autor*innen durch entsprechende Satzformulierungen* anzuzeigen. Diese Möglichkeit, den Beginn und das Ende eines indirekten Zitates zu kennzeichnen, besteht darin, am Anfang eines Absatzes die Autor*in zu nennen, danach deren/dessen Aussagen (im *Indi-*

kativ oder *Konjunktiv)* darzustellen und am Ende des Absatzes den formalen Literaturhinweis (Jahr und Seitenzahl) zu platzieren.

> *Beispiel für die Kennzeichnung eines indirekten Zitates durch doppelte Namensnennung und im Konjunktiv, das von* BOHL *vorgeschlagen wird* (2018, S. 46):
> „Besonders Jürgen Oelkers bemüht sich um die Aufarbeitung der bilderreichen und mystifizierenden Sprache der Reformpädagogik. In ihr fänden sich wiederkehrende Begriffe wie ‚Pädagogik vom Kinde aus' oder ‚das individuelle Kind'. Die sanfte Sprache der Reformpädagogik offenbare und verberge gleichermaßen den Geltungsanspruch dieser Dogmen, sie biete einen Abwehrmechanismus, weil die formulierten Postulate für gute Pädagoginnen und Pädagogen nicht anzugreifen seien. So beeinflusse die Reformpädagogik noch heute die Erziehungsmoral (vgl. Oelkers 1996, S. 75-128)."

* Der Nachteil dieser Vorgehensweise besteht darin, dass der Konjunktiv über längere Textpassagen hinweg leicht „künstlich und sperrig" wirken kann. Insofern wird „seine Anwendung (...) in der einschlägigen Literatur zum wissenschaftlichen Arbeiten nicht durchgängig empfohlen" (BOHL 2018, S. 46). Es ist deswegen wichtig, die an einer Hochschule geforderten diesbezüglichen Standards bei den Lehrenden zu erfragen. Es folgt ein Beispiel, wie eine Zitation ohne Konjunktiv aussehen könnte:

> *Beispiel für die Kennzeichnung eines indirekten Zitates nur durch doppelte Namensnennung ohne Konjunktiv* (BOHL 2018, S. 46):
> „Besonders Jürgen Oelkers bemüht sich um die Aufarbeitung der bilderreichen und mystifizierenden Sprache der Reformpädagogik. In ihr finden sich wiederkehrende Begriffe wie ‚Pädagogik vom Kinde aus' oder ‚das individuelle Kind'. Die sanfte Sprache der Reformpädagogik offenbart und verbirgt gleichermaßen den Geltungsanspruch dieser Dogmen, sie bietet einen Abwehrmechanismus, weil die formulierten Postulate für gute Pädagoginnen und Pädagogen nicht anzugreifen sind. So beeinflusst die Reformpädagogik noch heute die Erziehungsmoral (vgl. Oelkers 1996, S. 75-128)."

* Das Belegen der Quellen im Text kann durch *eine der beiden folgenden Möglichkeiten* erfolgen, wobei *immer nur eine Möglichkeit* zur Anwendung kommt (*entweder* Beleg im Text *oder* in der Fußnote) und *strikt auf Einheitlichkeit zu achten* ist (vgl. THEISEN 2017, S. 161-168):
  - *Kurzbeleg im Text* (ursprünglich „Harvard Style") oder
  - *Fußnotenbeleg* („Chicago Style"), der als Kurzbeleg und als Vollbeleg erfolgen kann.
* Beide Formen des Belegs der Quellen im Text werden nachfolgend dargestellt.

4.5.1 Der Kurzbeleg im Text

* Der Kurzbeleg *im* Text wird – der Name sagt es – *direkt im Text aufgeführt.* Achtung: Hier geht es *nicht* um das Literaturverzeichnis und die Frage, wie in diesem die einzelnen Angaben gestaltet sein müssen, sondern um die Nachweise der zitierten Quellen im Fließtext Ihrer Ausführungen!

* Da die Angaben, die im Fließtext in Klammern gemacht werden, ein schnelles Auffinden der Quelle im Literaturverzeichnis ermöglichen müssen, hat sich folgendes Grundmuster durchgesetzt:
  - Klammer auf – NAME (kein Komma) Erscheinungsjahr – Komma – Seitenangabe – Klammer zu *oder alternativ*:
  - Klammer auf – NAME (kein Komma) Erscheinungsjahr – Doppelpunkt – Seitenangabe – Klammer zu.

Beispiel: (MÜLLER 1983, S. 17) *oder:* (MÜLLER 1983: 17)

* *Achtung:* Auch hier gilt grundsätzlich und für alle Details, Schreibweisen etc. das Gebot der *Einheitlichkeit!*
* *Hinweis:* In den weiteren Beispielen wird ausschließlich die erste Version der Grundform verwendet. Es sind aber beide (mit Komma oder Doppelpunkt) korrekt. Wie gesagt: aber einheitlich!
* *Direkte Zitate* werden *ohne* das Wörtchen *vgl.* belegt (vgl. SESINK 2012, S. 238-242).

Beispiel: (MÜLLER 1983, S. 17)

* *Indirekte Zitate* werden dagegen *mit* dem Wort *vgl.* belegt (zur Verwendung von „vgl." siehe Abschnitt 4.4.3).

Beispiel: (vgl. MÜLLER 1983, S. 17)

* Wird der *Name der Autor*in* bereits *im Satz genannt*, wird er in der Klammer nicht wiederholt.

Beispiele: Ähnlich äußert sich MÜLLER (vgl. 1972, S. 7), der ...; MAIER (vgl. 1983, S. 9) meint dazu, dass ...; Eine gegenteilige Auffassung vertritt HUBER wenn er sagt, ... (vgl. 1996, S. 2).

* Folgt jedoch das Ende der Aussage erst sehr viel später, sollte danach nochmals der übliche Quellenbeleg mit Nennung der Autor*innen stehen. Es muss *eindeutig* sein, auf welchen Namen sich ein Quellenbeleg bezieht!
* Erstreckt sich ein *Zitat über mehr als eine Seite* wird geschrieben: „(MÜLLER 1983, S. 17f.)"; erstreckt sich ein *Zitat über mehr als zwei Seiten* wird die *genaue Seitenangabe* genannt: „(MÜLLER 1983, S. 17- 19)". Dies gilt mit „vgl." entsprechend für indirekte Zitate. Die häufig in Veröffentlichungen genutzte Form „S. 17ff." ist in Qualifikationsarbeiten nicht gewünscht.
* Wird *auf eine Quelle als Ganzes Bezug genommen*, z.B., wenn sie sich durchgängig mit einem bestimmten Aspekt befasst, wird meist geschrieben: „(vgl. HUBER 1988)" oder weniger gebräuchlich, aber eindeutiger „(vgl. Huber 1988, passim)" oder genauer: „(vgl. HUBER 1988, insbes. S. 7, 10, 17)".
* *Bis zu drei Autor*innen/Herausgeber*innen* können (müssen aber nicht) genannt werden: „(MÜLLER/MAIER/HUBER 1984, S. 67f.)"; *ab vier* wird nur noch der/die erste aufgeführt, danach folgt „u.a.": „(MÜLLER u.a. 1985, S. 2-7)". Unbedingt *einheitlich* verfahren!!!

* Hat MÜLLER im Jahr 1986 *mehrere Bücher veröffentlicht*, müssen sie zur Unterscheidung (genau wie im Literaturverzeichnis, s. o.) nach der Jahreszahl mit „a, b, c, ...“ gekennzeichnet werden: „(MÜLLER 1986a, S. 47)“ oder „(MÜLLER 1986 a, S. 47)“. Auch hier wieder einheitlich keine oder eine Lücke zwischen Jahreszahl und Buchstabe!
* Gibt es *mehrere* MÜLLERs, werden sie durch die Initialen der bzw. die vollständigen Vornamen unterschieden: „(MÜLLER, G. 1987, S. 3)“ oder „(MÜLLER, Gerda 1987, S. 3)“.
* Quellen aus *nicht selbständig erschienener Literatur* (Aufsätze aus Sammelbänden, Zeitschriften, Handbüchern und Lexika) werden *wie selbständig erschienene behandelt;* die weiteren Angaben befinden sich dann ja im Literaturverzeichnis.

> *Beispiel:*
> (HUBER 1988, S. 7)
> Diese Angabe verweist dann im Literaturverzeichnis auf: „HUBER, Hansi 1988: Der Bau eines Lenkdrachens. Eine Anleitung für Anfänger*innen. In: FLIEGWEIT, Floh (Hrsg.): Der Drachenbau. Sturzbach, S. 7-17“.

* Die allgemeine *Faustregel für Quellenbelege*, die hinter diesen einzelnen Regeln steht, lautet: So *wenig Angaben wie möglich* und *so viel wie nötig* für die sichere und schnelle *Identifizierung einer Quelle im Literaturverzeichnis*.
* Es *kann* eine *Variante des Kurzbelegs* verwendet werden:
  - Zitiere ich direkt und kurz hintereinander aus dem gleichen Werk eines Autors oder einer Autorin, *kann* ich schreiben: *„ebd.“* (ebenda), beziehungsweise *„ders.“* oder *„dies.“*, ggf. mit entsprechend geänderten Angaben zu Erscheinungsjahr und Seitenzahl.
  - Wenn jeweils die identische Seite im Original gemeint ist, schreibe ich nur „ebd.“.
  - Wenn unterschiedliche Seiten des Originals gemeint sind, muss die Seitenzahl dazu genannt werden: „ebd. S. 15“.
  - *Wichtig:* Weder sollte die *Lesbarkeit des eigenen Textes* noch die Klarheit des Belegs durch die Verwendung dieser Abkürzungen beeinträchtigt werden!
  - *Achtung:* Durch Einfügungen etc. kann schnell alles durcheinandergeraten. Daher in einer Arbeit zunächst *vollständige Belege* verwenden, und – wenn überhaupt (!) – *erst in der absoluten Endfassung* (in der nichts mehr verändert oder eingefügt wird) *durch die o. g. Abkürzungen ersetzen.*
* Soll eine Aussage *mit mehreren Quellenangaben belegt* werden, werden sie hintereinander aufgeführt. Meistens geschieht dies *nach Erscheinungsjahr absteigend:* „(vgl. MÜLLER, G. 1987, S. 3; HUBER 1986 c, S. 7; MAIER u.a. 1981, S. 4-8).“ Manchmal erfolgt aber auch eine *Abstufung nach der Bedeutung* für die eigene Argumentation: „(vgl. MAIER u.a. 1981, S. 4-8; auch MÜLLER, G. 1987, S. 3; HUBER 1986 c, S. 7).“ Ob dies akzeptiert wird, ist im Einzelfall mit der Betreuung abzuklären.

* Kurzbelege von *Quellen*, die *von einer Institution herausgegeben* sind oder die *unter ihrem Titel stehen*, müssen so beschaffen sein, dass ein Auffinden im Literaturverzeichnis leicht möglich ist, z.B.: „(MINISTERIUM FÜR JUGEND ... 1994, S. 3)"; oder: „(DIE DROGENPOLITIK IM ZEICHEN ... 1995, S. 1)."
* Als Kurzbeleg einer *Internetquelle* im Text steht, wie bei anderen Quellen auch, *nur Autor*in und Jahr des Informationsstandes*. Eine Webadresse taucht von daher niemals im Text als Kurzbeleg auf. Am Kurzbeleg ist also nicht zu erkennen, von welcher Art die Quelle ist. Dies ist erst durch das Literaturverzeichnis ersichtlich. Wie bei anderen Quellen auch wird im Kurzbeleg das Fehlen einer Angabe zum Jahr des Informationsstandes (ersetzt durch o. J.) deutlich. (Zu weiteren Details, insbesondere zur korrekten Aufnahme von Internetquellen in das Literaturverzeichnis siehe den Abschnitt 4.3.3!)
* *Es ist sinnvoll, die Namen hervorzuheben (durch Großbuchstaben oder* KAPITÄLCHEN), um die Belege im Text schneller finden zu können. Dies wird auch in dieser Veröffentlichung so gehandhabt, ist aber ein „kann" und kein „muss".
* *Details zur Zeichensetzung:*
  - Der Punkt gehört bei indirekten Zitaten immer hinter und nicht vor dem Kurzbeleg.
  - Selbst wenn ein direktes Zitat im Original mit einem Punkt endet, kommt beim Zitieren nach dem abführenden Anführungszeichen in aller Regel erst der Quellenbeleg (in Klammer) und dann der Punkt.

Beispiele: „Zitat" (HUBER 1996, S. 7). Die Zeichensetzung in Hausarbeiten sollte nicht vernachlässigt werden (vgl. HANSEN 2002, S. 17).

  - *Aber:* Bei vollständig abgeschlossenen Sätzen *wäre es auch möglich*, zunächst den Punkt zu setzen, um grammatikalisch korrekt den Satz abzuschließen und anschließend den Quellenbeleg in Klammer anzugeben. Da der *Quellenbeleg für sich kein abgeschlossener Satz* ist, wird nach diesem kein Punkt gesetzt.

Beispiel: „Dies ist ein Zitat." (HUBER 1996, S. 7)

  - *Wichtig:* Auch hier wieder auf die *Einheitlichkeit* innerhalb des eigenen Textes achten! Eventuell sollte hier bei den Dozierenden nachgefragt werden, welche Variante bevorzugt wird.
  - Nur ein *Frage- oder Ausrufezeichen am Ende eines Zitats* wird noch *innerhalb der Anführungsstriche* geschrieben; nach dem Quellenbeleg folgt dann *kein Punkt*, da der Quellenbeleg allein keinen vollständigen Satz darstellt.

Beispiel: „Zitat?" (HUBER 1996, S. 7)

  - Wird ein *längeres Zitat* (ab 3 Zeilen) *gegenüber dem sonstigen Text eingerückt* (und eventuell mit geringerem Zeilenabstand versehen sowie in einer kleineren Schriftgröße geschrieben), wird das schließende Satzzeichen (Punkt, Fragezeichen, Ausrufezeichen) wie im Original übernommen und steht innerhalb der Anführungszeichen. Der Quellenbeleg (in Klammer) steht dann dahinter, erhält aber *keinen Punkt mehr.*

* *Rechtsvorschriften* sind wie folgt zu zitieren:

Beispiel: § 27 Abs. 2 Satz 1 SGB VIII

* Die verwendete Gesetzessammlung *wird weder im Text noch im Literaturverzeichnis aufgeführt.* Es ist grundsätzlich die jeweils aktuelle Fassung der Rechtsvorschriften zu verwenden. Vorschriften werden ausschließlich mit dem Paragraphenzeichen zitiert, ohne diesen auszuschreiben oder mit Artikeln zu versehen (also nicht „der Paragraf 27 SGB VIII"). Werden mehrere Vorschriften zitiert, wird dies durch das doppelte Paragraphenzeichen abgekürzt (*Beispiel:* §§ 27ff. SGB VIII).
* *Gerichtsentscheidungen* werden zitiert mit
  - Bezeichnung des Gerichts, Form, Datum, Aktenzeichen (*Beispiel:* BGH, Urt. v. 13.2.2005 – Az. II ZR 5/03) *oder*
  - Name des Gerichts, Zeitschrift, Jahrgang, Seite (Anfangsseite, Fundseite oder Randnummer, *Beispiel:* BGH NJW 2002, 1340, 1341) *oder*
  - Name von Sammlung, Band oder Jahrgang, Seite (Anfangsseite, Fundseite oder Randnummer, *Beispiel:* BVerfGE 90, 286, 289).
* Bei *Bundestagsdrucksachen und anderen Gesetzesmaterialien* gilt:
  - Sie werden in aller Regel mit Legislaturperiode und laufender Nummer sowie der Fundseite zitiert *(Beispiel 1).*
  - Abweichend von dieser Grundregel werden sehr häufige Titel (z.B. die Jugendberichte der Bundesregierung) jedoch teilweise nach Autor*in, Jahr und Seitenzahl zitiert *(Beispiel 2).*
  - Auch hier kann eine Rücksprache mit den Dozierenden sinnvoll sein.
  - Das Gebot der Einheitlichkeit gilt auf jeden Fall!

Beispiel 1: „Zitat" (BT-DRUCKS. 15/1409, S. 3). *Beispiel 2:* „Zitat" (BUNDESMINISTERIUM FÜR JUGEND, FAMILIE, FRAUEN UND GESUNDHEIT 1990, S. 3.

* Für *juristische Kommentarliteratur* gilt:
  - Sie wird nach Autor*in, abgekürzter Titel des Gesamtwerks, §§ und Randnummer (d. h. nicht nach Seitenzahlen) zitiert (*Beispiel:* KINDHÄUSER, LPK-StGB § 20 Rn. 4).
  - Alternativ wird teilweise auch die Abkürzung Rn. 4 genutzt – einheitliche Verwendung wichtig!).
  - Soweit mehrere Bearbeiter*innen an dem Werk mitgearbeitet haben, wird der*die Bearbeiter*in vor dem Gesamtwerk zitiert (*Beispiel:* NONNINGER in: KUNKEL, LPK-SGB VIII § 13 Rn. 2).

4.5.2 Die Fußnotenbelegmethode

* *Wichtig: Zur Unterscheidung der echten Fußnoten* dieses Büchleins von denen, die auf den folgenden Seiten *zur Anschauung gedacht* sind, steht vor allen beispielhaften Fußnoten ausdrücklich *„Beispiel“* davor; meist sind sie von einem Kasten umrahmt.
* *Allgemeines: Fußnoten* stehen am Fuß einer Seite, damit die Leser*innen sie sofort ansehen können, ohne ständig blättern zu müssen. Sie können *Quellenbelege* zu direkten oder indirekten Zitaten oder *Anmerkungen* zu bestimmten Stellen im Text enthalten.
* *Im Folgenden* geht es zunächst um die zwei Varianten der *Quellenbelege*. Der Abschnitt 4.5.3 widmet sich dann den eigentlichen *Anmerkungen*.
* *Darstellung des Fußnotenvermerks im Text*: Auf jede Fußnote wird im Fließtext durch eine verkleinerte und hochgestellte[1] Ziffer verwiesen (Fußnotenvermerk), und zwar ohne Punkt oder weitere Zusätze.[20] Es muss darauf geachtet werden, dass es zu keinen Verwechslungen mit den Zeichen und Symbolen im Text kommt.
* *Stellung der Fußnotenvermerke im Text*: Bei der Fußnotenbelegmethode muss – wie bei Kurzbelegen im Text (4.5.1) – auch bei einem indirekten Zitat erkennbar sein, wo es beginnt und wo es aufhört, um den Anschein eines Täuschungsversuchs auszuschließen. Daher steht der Fußnotenvermerk *im Anschluss daran, worauf er sich bezieht* (vgl. THEISEN 2017, S. 175):
  - Bezieht er sich *auf ein einzelnes Wort oder eine Wortgruppe* (z.B. ein Teilzitat), steht er direkt nach diesem Wort (oder der Wortgruppe), ggf. nach den Anführungszeichen, aber noch vor einem nachfolgenden Satzzeichen.
  - Bezieht er sich auf einen *ganzen Satz*, einen durch Satzzeichen eingeschlossenen *Satzteil* (z.B. Zitat) oder einen *Abschnitt*, steht er nach dem schließenden Satzzeichen, auf jeden Fall aber nach den Anführungsstrichen.
  - *Aber:* Abweichend hiervon wird auch die Position vertreten, dass Fußnoten in der Regel generell am Satzende platziert werden, um die Einheitlichkeit des Satzspiegels zu gewährleisten. Hier sollte im Zweifel nachgefragt werden, welche Vorgehensweise an einer Hochschule oder bei Dozierenden gewünscht sind.
* *Platzierung der Fußnoten:* Fußnoten stehen am Fuß der Seite *unterhalb des Zitierstriches*. Der Zitierstrich ist eine *Linie*, die den Textteil einer Seite von dem Fußnoten- und Anmerkungsteil trennt. Er bedeutet, dass alles, was unterhalb von ihm steht, zum Verständnis des Textes nicht unbedingt erforderlich ist. Der Zitierstrich befindet sich *am unteren Ende einer Seite*, beginnt links und geht über 1/5 bis 1/3 der Seitenbreite. Unterhalb von ihm werden dann die Fußnotenvermerke aufgeführt (also die gleichen Ziffern oder Zeichen wie im

---

[20] Sehr selten werden mehrere *verschiedene Symbole* (z.B. Sternchen*) verwendet, um z.B. Anmerkungen von Herausgeber*innen von denen der Autor*innen zu unterscheiden. Bevor eine solche Darstellungsweise genutzt wird, sollte unbedingt Rücksprache mit der Betreuung gehalten werden.

Text), dann folgt der Fußnotentext, d. h. die Fußnote oder Anmerkung. Er wird in Word automatisch erzeugt.

* *Für den Fußnotentext gilt:*
  - Alle *Textzeilen bündig untereinander*, so dass sich die Fußnotenziffern abheben; innerhalb einer Fußnote ein *enger Zeilenabstand* (einzeilig); weitere Fußnoten auf derselben Seite werden (durch eine (eineinhalbzeilige) Leerzeile) voneinander abgesetzt. Textverarbeitungsprogramme kümmern sich in der Regel automatisch um diese Anforderungen.
  - Fußnoten werden sonst *wie normaler Text* behandelt – das heißt, sie beginnen mit Großschreibung und enden mit einem schließenden Satzzeichen, meistens einem Punkt. Fußnoten sollten mit einer verkleinerten Schrift geschrieben werden.
  - *Mehrere oder zusätzliche Fundstellen* werden in einer Fußnote zusammengefasst und im Fußnotentext nach der zeitlichen Reihenfolge (inzwischen meist absteigend) der Erscheinungsjahre aufgeführt; dazugehörende Anmerkungen können zusätzlich aufgenommen werden, wenn sie nicht gesondert aufgeführt werden sollen.
* Die *zwei Möglichkeiten der Fußnotenbelegmethode*, die in der Folge erläutert werden, sind (vgl. THEISEN 2017, S. 161-164):
  - der Vollbeleg,
  - der Kurzbeleg.

Beispiel nach der Vollbelegmethode:

[1] Vgl. FEUERSCHLUCKER, Fred 1967: Wie vermeide ich Verbrennungen. Gladbach, S. 34.

Beispiel nach der Kurzbelegmethode:

[2] Vgl. FEUERSCHLUCKER 1967, S. 34.

* Für wissenschaftliche Arbeiten wie Haus- und Studien- oder Bachelorarbeiten wird in Sozialer Arbeit, Sozialwirtschaft und Erziehungswissenschaft *in aller Regel der Kurzbeleg verwendet.*
* Sinnvoll könnte die *Vollbelegmethode* mit Fußnoten eigentlich nur *für schriftliche Arbeiten sein, in denen sehr wenig Literatur verarbeitet und zitiert wird* oder die *nur aus wenigen Seiten bestehen*: z.B. für Arbeiten, für die nur ein bis drei Titel herangezogen werden müssen. Hier könnte, wenn der Vollbelegmethode gefolgt wird, ausnahmsweise auf ein Literaturverzeichnis verzichtet werden.
* In *anderen Disziplinen* wird sie dagegen besonders in Aufsätzen häufiger benutzt. Aus diesem Grund wird sie hier auch erläutert, auch wenn *von ihrer Verwendung in Sozialer Arbeit, Erziehungswissenschaft und Sozialwirtschaft entschieden abgeraten wird!*

4.5.2.1 Die Kurzbelegmethode mit Fußnoten

* Die *Kurzbelegmethode* kann nicht nur im Fließtext zur Anwendung kommen (Quellenbelege in Klammern im Text), sondern auch mit *Fußnoten* durchgeführt werden, wenn ein vollständiges, durchgehend alphabetisiertes Literaturverzeichnis am Ende der Arbeit existiert (vgl. THEISEN 2017, S. 163-165).
* Die *Quellenbelege* stehen hier in *Kurzform* (NAME der Autor*in (kein Komma) Jahr – Komma – Seitenangabe – Punkt) aber ohne Klammer als Fußnoten unten auf der Seite.

> *Beispiele für die Kurzbelegmethode:*
> 1 MÜLLER 1983, S. 17 *oder:* MÜLLER 1983: 17.

* Die *Kurzform* hier ist die gleiche wie für die Kurzbelegmethode im Text. Auch für Besonderheiten und weitere Notwendigkeiten siehe daher *Abschnitt 4.5.1!*
* Im Gegensatz zur Vollbelegmethode wird bei der Kurzbelegmethode *durchgängig die Kurzform verwendet*, unabhängig davon, ob die Fundstelle zum ersten oder zum wiederholten Mal angeführt wird.

4.5.2.2 Die Vollbelegmethode mit Fußnoten

* Die Vollbelegmethode bedeutet, dass *jede in einer Arbeit verwendete Quelle bei der ersten Erwähnung im Text* in einer Fußnote *einmal vollständig*, das heißt mit allen bibliographischen Angaben, *aufgeführt werden muss* – so, wie sie ansonsten für das Literaturverzeichnis angegeben werden (vgl. THEISEN 2017, S. 161-163). Am Ende der Arbeit steht bei der Vollbelegmethode also *kein Literaturverzeichnis*. Zusätzlich zur Nennung der Quelle müssen zur Konkretisierung der Fundstelle im Anschluss an diese Angaben die genauen Seitenzahlen folgen.
* Die *Grundform* lautet also: NAME – Komma – Vorname – Erscheinungsjahr – Doppelpunkt – Titel – Punkt – Verlagsort – Komma – Seitenzahl – Punkt.

> *Beispiel:*
> SIEBEN, Sabrina 1977: Die sieben Dimensionen des Siebten Sinns. Siegburg, S. 23-44.

* Alle weiteren Eventualitäten und Notwendigkeiten sowie Angaben zu Monografien und zu Aufsätzen aus Sammelbänden, Lexika oder Zeitschriften etc. finden Sie im *Abschnitt 4.3.2.*
* Bei der *zweiten und wiederholten Verarbeitung desselben Titels* erfolgen die Angaben dann *in Kurzform*, auch hier natürlich mit Seitenangabe. Zudem sollte jedes Mal auf die Fußnote verwiesen werden, in der der entsprechende Titel erstmals vollständig aufgeführt wurde, um eine schnelle Zuordnung zu gewährleisten.

> *Beispiele:*
> 1 Vgl. TATTERGREIS, Manfred R. 1991: Das Alter – Gesundheitspolitische Grundlagen der Vergreisung. Stuttgart, S. 124.
> 2 Vgl. TATTERGREIS 1991 (FN 1), S. 507-509.

* *Hinweis:* Die früher vielfach und auch heute noch verwendeten *Abkürzungen*, die besagen, dass der Titel „irgendwo oben" schon mal vollständig aufgeführt wurde, sollten *bei der Vollbelegmethode auf keinen* Fall eingesetzt werden (vgl. insgesamt THEISEN 2017, S. 162-163). Gemeint sind: a. a. O. = am angegebenen Ort; ebd. = ebenda (oder lateinisch, mit ähnlichem Sinn: ibid. = ibidem; loc. cit. = loco citato; op. cit. = opere citato). Sie standen früher in der nachfolgend gezeigten Weise in den Fußnoten:

Schlechte (!) Beispiele:
1 Vgl. HAKELMACHER, Sebastian 1982: Vom Fond zur Sauce. Bielefeld, S. 34.
2 Vgl. a. a. O., S. 23.
3 Vgl. ebd., S. 71.

4.5.3 Anmerkungen

* Anmerkungen sind *Hinweise, Ergänzungen und Erläuterungen*, die eigentlich nicht in den jeweiligen Satz oder Abschnitt gehören, aber dennoch interessant für den Gesamtgedankengang sind (vgl. SESINK 2012, S. 217-219). Sie sollten inhaltlich bedeutsam sein (sonst würden sie weggelassen), dürfen jedoch nicht direkt zum Argumentationsstrang gehören (sonst wären sie im Fließtext zu platzieren). In die Anmerkungen kommen diejenigen Gedanken, die den Fluss der Arbeit unterbrechen würden, dennoch aber für den Gesamtzusammenhang eine gewisse Bedeutung haben – also Nebenbemerkungen und Ergänzungen aller Art. *Dazu gehören* z.B.:
  - Klärung von Begriffen, soweit diese nicht in den Fließtext gehören;
  - Hinweise auf vergleichbare oder widersprüchliche Positionen in der Literatur, wenn sie über Belege hinausgehen;
  - ergänzende Informationen, die nicht unbedingt notwendig sind und
  - Kommentare.
* *Grundregel:* Der *Text muss auch ohne die Anmerkungen verstehbar* und lesbar sein!
* *Vorsicht:* Der Sinn von Anmerkungen ist es nicht zu zeigen, was ich sonst noch alles weiß oder gelesen habe, wenn dieses Wissen mit der Fragestellung der Arbeit wenig oder nur am Rande zusammenhängt.
* Anmerkungen werden in der Regel als *Fußnoten* mit einer hochgestellten Ziffer gekennzeichnet und auf der gleichen Seite unten (unterhalb eines Zitierstriches) aufgeführt.
* Auseinandergehend sind die Meinungen über die *Positionierung des Fußnotenzeichens* (siehe oben Abschnitt 4.5.2). In der Regel befindet sich das Fußnotenzeichen am Satzende, davon abweichend kann es direkt hinter einem Wort, einer Wendung gesetzt werden, wenn sich die Anmerkung ausdrücklich auf diese bezieht (vgl. FRANCK 2017, S. 22).

* Im *Prozess der Erstellung einer wissenschaftlichen Arbeit* kann das Instrument der Anmerkungen *außerordentlich hilfreich* sein: In diese können – gerade wenn sie in den Fußnoten platziert werden – alle Seitenbemerkungen, Ideen, Querverweise usw. aufgenommen werden, die im jeweiligen Argumentationsgang stören würden, dennoch aber wichtig sind. Auf diese Weise lässt sich verhindern, dass eigentlich interessante Aspekte im Schreibprozess vergessen werden. Im Lauf der Überarbeitung des Textes können sie aufgenommen und eventuell sogar wieder in den Fließtext des Kapitels eingebunden werden oder gelöscht werden. Bei einer solchen Verwendung von Anmerkungen ist aber eine sorgfältige Endredaktion gerade der Anmerkungen notwendig, um die Arbeit von überflüssigem Ballast zu befreien.

5 Schluss

Nach dieser Fülle von Hinweisen zur Herangehensweise, zu den Formen der Darbietung wissenschaftlicher Erkenntnisse und zu den formalen Aspekten einer wissenschaftlichen Arbeit soll abschließend darauf hingewiesen werden, dass alle Formalia zwar einzuhalten sind und ihre Berechtigung haben, sie aber letztlich Hilfsmittel sind, um wissenschaftliche Sachverhalte nachvollziehbar und überprüfbar darzustellen. Deswegen dürfen sie keinesfalls zum Selbstzweck werden – letztlich *entscheidend für die Qualität eines wissenschaftlichen Textes ist und bleibt der Inhalt.*

Auch bei wissenschaftlichem Arbeiten gilt außerdem: Übung macht die Meister*in! Vieles hört sich am Anfang sehr kompliziert an, wird aber – ein paar Mal angewendet – doch ganz gut handhabbar. Es lohnt sich, das Handwerk des wissenschaftlichen Arbeitens sorgsam zu erlernen und zu praktizieren, weil die Ergebnisse dann deutlich seriöser werden. Diese Handreichung soll insofern nicht entmutigen, sondern eine überschaubare Orientierung bieten. Viele Vorgehensweisen, die beschrieben wurden, müssen außerdem den eigenen Bedürfnissen angepasst werden. Bei Unklarheiten sollten Sie sich *grundsätzlich* an die betreuenden Dozierenden wenden.

In diesem Sinne *viel Freude und Erfolg* beim wissenschaftlichen Arbeiten!

6 Literaturverzeichnis

Im Folgenden sind die besonders zu empfehlenden Titel *kursiv* gesetzt.

ARNDT, Susan/ HORNSCHEIDT, Antje (Hrsg.) (2009): Afrika und die deutsche Sprache. Ein kritisches Nachschlagewerk. Münster: Unrast, 2. Auflage.

BERGER, Helga (2020): Schritt für Schritt zur Abschlussarbeit. Gliedern - formulieren – formatieren. Paderborn: Verlag Ferdinand Schöningh, 2., verbesserte Auflage.

BIEKER, Rudolf (2016): Soziale Arbeit studieren. Leitfaden für wissenschaftliches Arbeiten und Studienorganisation. Stuttgart, 3., erweiterte und überarbeitete Auflage.

BOHL, Thorsten (2018): Wissenschaftliches Arbeiten im Studium der Erziehungs- und Bildungswissenschaften. Arbeitsprozesse, Referate, Hausarbeiten, mündliche Prüfungen und mehr. Weinheim: Beltz, 4., vollständig überarbeitete Auflage.

FRANCK, Norbert (2013): Lust statt Last: Wissenschaftliche Texte schreiben. In: FRANCK, Norbert/STARY, Joachim (Hrsg.): Die Technik wissenschaftlichen Arbeitens. Eine praktische Anleitung. Paderborn: Ferdinand Schöningh, 17., überarbeitete Auflage, S. 111-172.

FRANCK, Norbert (2017): Handbuch Wissenschaftliches Arbeiten. Was man für ein erfolgreiches Studium wissen und können muss. Paderborn: Ferdinand Schöningh, 3., vollständig überarbeitete und aktualisierte Auflage.

FRANCK, Norbert (2019): Handbuch Wissenschaftliches Schreiben: eine Anleitung von A bis Z, Paderborn: Ferdinand Schöningh.

FRANCK, Norbert/STARY, Joachim (Hrsg.) (2013): Die Technik wissenschaftlichen Arbeitens. Eine praktische Anleitung. Paderborn: Ferdinand Schöningh, 17., überarbeitete Auflage.

GÜNTHER, Katja (2020): Selbstcoaching in der Wissenschaft. Wie das Schreiben gelingt, Opladen/Toronto: Verlag Barbara Budrich.

HERRMANN, Steffen Kitty (2007): Performing the Gap. Queere Gestalten und geschlechtliche Aneignung. In: A. G. Gender-Killer (Hrsg.): Das gute Leben. Linke Perspektiven auf einen besseren Alltag. Münster: Unrast, S. 195-201.

HORNSCHEIDT, Lann (2012): feministische w_orte. Ein lern-, denk- und handlungsbuch zu sprache und diskriminierung, gender studies und feministischer linguistik. Frankfurt/Main: Brandes & Apsel.

KOTTHAUS, Jochem (2014): FAQ Wissenschaftliches Arbeiten. Für Studierende der Sozialen Arbeit. Opladen: Barbara Budrich.

KRUSE, Otto (2018): Lesen und Schreiben. Der richtige Umgang mit Texten im Studium. Konstanz/München: UVK/Lucius, 3., überarbeitete und erweiterte Auflage.

KRUSE, Otto (2017): Kritisches Denken und Argumentieren. Konstanz/München: UVK/Lucius 2017.

KRUSE, Otto (2007): Keine Angst vor dem leeren Blatt. Ohne Schreibblockaden durchs Studium. Frankfurt/New York: Campus, 12., völlig neu bearbeitete Auflage.

KRUSE, Otto (1994): Keine Angst vor dem leeren Blatt. Ohne Schreibblockaden durchs Studium. Frankfurt/M. u.a., 2. Auflage.

OBERMAIER, Michael (2017): Arbeitstechniken Erziehungswissenschaft, Paderborn: Ferdinand Schöningh.

PREXL, Lydia (2019): Mit digitalen Quellen arbeiten. Richtig zitieren aus Datenbanken, E-Books, YouTube und Co. Paderborn: Ferdinand Schöningh, 3., aktualisierte und überarbeitete Auflage.

RIEDENAUER, Markus/TSCHIRF, Andrea (2012): Zeitmanagement und Selbstorganisation in der Wissenschaft. Ein selbstbestimmtes Leben in Balance. Wien: facultas wuv.

ROST, Friedrich (2018): Lern- und Arbeitstechniken für das Studium. Wiesbaden: Springer VS, 8., vollständig überarbeitete und aktualisierte Auflage.

SESINK, Werner (2012): Einführung in das wissenschaftliche Arbeiten inklusive E-Learning, Web-Recherche, digitale Präsentation u.a. München: Oldenbourg Verlag, 9., aktualisierte Auflage.

STARY, Joachim (2013): Wissenschaftliche Literatur lesen und verstehen, in: FRANCK, Norbert/STARY, Joachim (Hrsg.): Die Technik wissenschaftlichen Arbeitens. Eine praktische Anleitung. Paderborn: Ferdinand Schöningh, 17., überarbeitete Auflage, S. 65-90.

THEISEN, Manuel René (2017): Wissenschaftliches Arbeiten. Erfolgreich bei Bachelor- und Masterarbeit. München: Vahlen, 17., aktualisierte und bearbeitete Auflage.

7 Stichwortverzeichnis

T

U

V

W

Z